RUSSIAN FACES AND VOICES:

EXERCISE BOOK

ZITA D. DABARS
FRIENDS SCHOOL, BALTIMORE, MARYLAND, U. S. A.

GEORGE W. MORRIS
ST. LOUIS UNIVERSITY HIGH SCHOOL, ST. LOUIS, MISSOURI, U. S. A.

ELLINA YU. SOSENKO
PUSHKIN INSTITUTE, MOSCOW, RUSSIA

LILIA L. VOKHMINA
PUSHKIN INSTITUTE, MOSCOW, RUSSIA

SERIES EDITORS:

DAN E. DAVIDSON
AMERICAN COUNCIL OF TEACHERS OF RUSSIAN
WASHINGTON, D. C., U. S. A.

AND

MARK N. VJATJUTNEV
PUSHKIN INSTITUTE, MOSCOW, RUSSIA

In association with the

American Council of Teachers of Russian
ACTR

Center of Russian Language and Culture (CORLAC), Friends School

KENDALL/HUNT PUBLISHING COMPANY
4050 Westmark Drive Dubuque, Iowa 52002

Drawings by:

Mikhail Gipsov and Yelena Gipsov
pp. 1, 2, 13, 32, 41, 45, 49, 60, 72, 82, 90, 95, 96, 107, 119, 120, 133, 137, 141, 143, 146

Anatol Woolf
pp. 1, 68, 79, 94, 129, 132, 146,
border art: pp. iii, 77, 97, 135

Original drawings for watermarks by:

Anatol Woolf
pp. 3, 18, 20, 27, 33, 36, 43, 50, 64, 65, 68, 72, 77, 81, 92, 94, 106, 107, 111, 128, 138, 141, 146

Mikhail Gipsov and Yelena Gipsov
p. 115

Ronald Roberson
p. 121

Cover Photo:
Courtesy of Zita D. Dabars

Editor:

Patricia Kardash

At the Center of Russian Language and Culture (CORLAC), Elizabeth B. Dombrowski and Michael Stricker assisted in the preparation of *Russian Faces and Voices: Exercise Book,* for publication.

Layout and Design:

Business Images, Inc.
Allen Côté and Marleen Flegel

ISBN 0-7872-1423-X

Printed in the United States of America
10 9 8 7 6 5 4 3 2 1

Table of Contents

Содержа́ние

Table of Contents

Содержание

Первый урок

Интервью́ взя́тое у само́й себя́

Упражне́ние 1 — (А1, А4, Б1) **Read this monologue and fill in the blanks, using the cues provided by the illustrations.**

1. Я журнали́стка. Меня́ зову́т Ната́ша. Я беру́ интервью у люде́й, пото́м пишу́ статьи́ для журна́ла

2. Я бу́ду брать интервью у

________________________ ________________________ ________________________

3. Но в пе́рвом уро́ке уче́бника я рассказа́ла о себе́: что я родила́сь под зна́ком Близнецо́в, что у меня́ есть

____

4. Рассказа́ла, что моё хо́бби:

____.

5. В свобо́дное вре́мя люблю́ гото́вить, приглаша́ть к себе́ друзе́й. Мой муж перево́дчик, переводи́т англи́йскую и америка́нскую литерату́ру. И я немно́жко зна́ю англи́йский. Так, иногда́ у нас в гостя́х быва́ют и ______________________ друзья́. Жизнь у нас хоро́шая и интере́сная. То́лько мно́го рабо́ты. Но и э́то хорошо́.

Упражне́ние 2 — (А3) Practice the use of the phrase **брать/взять интервью**. Fill in the blanks using the words that appear in parentheses.

Образе́ц ▶ Сего́дня Ната́ша **берёт интервью у дире́ктора шко́лы.**

1. Журнали́сты ча́сто ____

____.
(interview well-known people)

2. Вчера́ по телеви́зору мы смотре́ли переда́чу: корреспонде́нт______________________

____.
(interviewed a rock musician)

3. — Ната́ша, мо́жешь пообе́дать со мно́й за́втра?

— К сожале́нию, не смогу́. В э́то вре́мя я ______________________________

____.
(will interview Dr. Fyodorov)

4. В америка́нских шко́лах есть шко́льные газе́ты: студе́нты лю́бят______________________

____ и писа́ть статьи́.
(to conduct interviews)

5. Муж Наташи не ______________________________, он перево́дчик.
(conduct interviews)

6. В э́том уро́ке Ната́ша ______________________________.
(interviews herself)

7. За́втра она́ ______________________________.
(will interview the schoolchildren)

8. Она́ ча́сто ______________________________.
(interviews interesting people)

9. Когда́ э́тот корресподе́нт бу́дет в Аме́рике, он ______________________________

______________________________.
(will interview businessmen and athletes)

Упражне́ние 3 — (А3) Practice the use of the verb pair **брать/взять** (to take, borrow, get). Translate the English words in parentheses to fill in the blanks.

Образе́ц ► Ты ви́дел э́ту кни́гу? Я **взял её у Ната́ши.**

1. У меня́ нет фотоаппара́та, но я хочу́ сфотографи́ровать Храм Васи́лия Блаже́нного.

______________ я могу́ ______________ фотоаппара́т.
(From whom) (get, borrow)

2. — Где моя́ газе́та? Не ви́жу её.

— Вчера́ Ната́ша ______________ её. Хо́чешь, ______________
(took) (borrow)

______________________________? Я уже́ прочита́л её.
(the newpaper from me)

3. Когда́ Ната́ша с друзья́ми была́ в магази́не, она́ уви́дела, что у неё нет де́нег. Она́

спроси́ла: у кого́ есть де́ньги? ______________ я могу́ ______________
(From whom) (borrow)

______________?
(money)

4. Ната́ша: Вчера́, когда́ мне на́до бы́ло взять интервью́, магнитофо́н не рабо́тал.

Са́ша: А что ты де́лала?

Ната́ша: Я ______________ его́ ______________, она́ журнали́стка и
(got) (from my girlfriend)

у неё есть магнитофо́н.

5. Студе́нты пошли́ в библиоте́ку. Они́ ______________________________
(got books)

______________________________, кото́рая рабо́тает там.
(from the woman)

6. — Каки́е кни́ги ты обы́чно ____________________ в библиоте́ке?
(do get)

— Обы́чно я ________________ кла́ссику а сейча́с я ____________________ детекти́вы.
(get) (am borrowing)

— А каки́е ты ра́ньше ______________________?
(did borrow)

7. — Я пойду́ в кио́ск. Там я ____________________ после́днюю газе́ту.
(will get)

— А каку́ю вы __________________________?
(will get)

— Я, коне́чно, ________________ «Вече́рнюю Москву́». Хочу́ знать после́дние но́вости.
(will get)

8. — Когда́ мне бы́ло пять лет, я всегда́ ____________________ кни́ги Чуко́вского с
(took)

собо́й к ба́бушке.

Упражне́ние 4 — (A5, A6) Compose logical endings to complete these sentences.

Образе́ц ▶ Мы о́чень лю́бим му́зыку, осо́бенно **класси́ческую**.

1. Я о́чень люблю́ нау́ку, осо́бенно ______________________________.
2. Моя́ сестра́ лю́бит му́зыку, осо́бенно ______________________________.
3. Мой друг Джон лю́бит спорт, осо́бенно ______________________________.
4. Ната́ше о́чень нра́вятся цветы́, осо́бенно ______________________________.
5. Мы бы́ли в ци́рке и нам о́чень понра́вились выступле́ния, осо́бенно ______________________________.
6. Ма́ленькая сестра́ лю́бит смотре́ть телеви́зор, осо́бенно ____________________.
7. Моему́ па́пе о́чень нра́вится бейсбо́л. Ему осо́бенно нра́вится, как игра́ет ______________________________.
8. Мои́ друзья́ лю́бят шко́лу, осо́бенно ______________________________.
9. На пра́зднике я осо́бенно люблю́ ______________________________.
10. Ле́том мы осо́бенно лю́бим ______________________________.

Упражне́ние 5 — (A7) Practice the use of **начина́ть/нача́ть** and **конча́ть/ко́нчить.** Translate the English words to fill in the blanks.

1. — Ско́лько лет тебе́ бы́ло, когда́ ты ______________ (began) чита́ть газе́ты?

   — Наве́рное, семна́дцать. По́сле того́, как я поступи́ла в университе́т. Зна́ю, что

   мно́гие ______________ (began) чита́ть их ра́ньше, коне́чно.

2. Де́ти обы́чно ______________ (begin to speak), когда́ им два го́да. Иногда́ ра́ньше, а иногда́ по́зже.

3. Поэ́т ______________ (will begin) чита́ть свои́ стихи́ в во́семь часо́в и

   ______________ (will finish) в де́вять часо́в.

4. В шко́ле у́тром учителя́ ______________ (begin) уро́к слова́ми «до́брое у́тро».

   А как они́ ______________ (end) уро́ки?

5. Вчера́ Са́ша ______________ (finished translating) статью́ и

   ______________ (began) гото́вить у́жин. Он так ча́сто де́лает —

   ______________ (finishes) одно́ де́ло и ______________ (begins) друго́е.

6. — Ната́ша, что ты де́лаешь за́втра? Когда́ мы мо́жем встре́титься?

   — Ну, в оди́ннадцать я возьму́ интервью́ у балери́ны, пото́м пообе́даю. По́сле обе́да

   сра́зу ______________ (will begin) писа́ть статью́. Наве́рное, ______________ (will finish) её в шесть.

7. — Ребя́та, где вы бы́ли вчера́? Мы звони́ли вам в де́сять, но никого́ не́ бы́ло до́ма.

   — Мы по́здно пришли́ домо́й по́сле рестора́на. Обы́чно мы ______________ (begin)

   ______________ (to have supper) в семь, но вчера́ ______________ (finished) рабо́ту то́лько

   в во́семь и ______________ (began) у́жинать по́здно и ______________ (finished) по́здно.

Упражне́ние 6 — (A9) Fill in the correct forms of the words given in parentheses.

1. — Анто́н, когда́ у тебя́ есть свобо́дное вре́мя, ________________ ?
(что / увлека́ться)

— Я люблю́ собира́ть ма́рки. Я осо́бенно ________________ ________________
(увлека́ться) (но́вые

________________ .
росси́йские ма́рки)

2. — Ребя́та в на́шей шко́ле ________________. У них
(увлека́ться / ша́хматы)

есть свой кружо́к, они́ встреча́ются по́сле заня́тий.

— И в на́шей шко́ле ребя́та ________________ .
(интересова́ться / ша́хматы)

3. — Не зна́ю, что де́лать. На́до поступи́ть в оди́н кружо́к, но я не зна́ю, в како́й —

драмати́ческий и́ли хими́ческий. Я ________________ и
(увлека́ться)

________________, и ________________.
(теа́тр) (хи́мия)

Упражне́ние 7 — (A10, A11) Напиши́те письмо́ в газе́ту «Моско́вский комсомо́лец». Напиши́те о свои́х хо́бби, чем вы интересу́етесь.

____

____

____

____

____

____

____

____

____

Упражне́ние 8 — (Б3) Fill in the correct form of **друг дру́га**. Keep in mind that when a preposition is used, it appears between the two parts of the phrase, for example **друг с дру́гом**, **друг от дру́га**, and so on.

1. Она́ нра́вится ему́, а он нра́вится ей. Они́ нра́вятся ______________________ .

2. Мы бы́ли на стадио́не, и вы то́же бы́ли на ма́тче. К сожале́нию, мы не ви́дели ______________________ .

3. Ни́на говори́т то́лько об Ива́не. Ива́н говори́т то́лько о Ни́не. Они́ говоря́т то́лько ______________________ .

4. Са́ша помога́л Пе́те писа́ть дома́шнюю рабо́ту. Пе́тя помога́л Са́ше. Пе́тя и Са́ша помога́ли ______________________ .

5. Они́ родили́сь в оди́н день. В э́тот день они́ всегда́ поздравля́ют ______________________ и да́рят ______________________ пода́рки.

6. Мы с дру́гом лю́бим быть до́ма ______________________. Э́то зна́чит, что мы ча́сто хо́дим ______________________ домо́й.

Упражне́ние 9 — (Б3) Напиши́те письмо́ ма́ме о своём но́вом дру́ге. Расскажи́те, что вы вме́сте де́лаете, где вы бы́ли вме́сте.

Упражне́ние 10 — (Б5) Fill in the missing forms of **переводи́ть/перевести́**.

Андре́й: Я ______________________ пе́рвое предложе́ние. Ты, На́дя, ______________________ второ́е. Зо́я ______________________ тре́тье.

Оле́г и Игорь: Мы ______________________ четвёртое предложе́ние. Вы, Зи́на и На́дя, ______________________ пя́тое. А Вади́м и Макси́м ______________________ шесто́е.

Упражне́ние 11 — (Б5) Translate the English.

Ната́ша говори́т с Ири́ной, с кото́рой она́ неда́вно познако́милась.

Ната́ша: Мой муж рабо́тает и журнали́стом, и ______________ (translator).

Ири́на: Он ______________ (translates) с ______________ (Russian language) и́ли с ______________ (English language)?

Ната́ша: Ему́ бо́льше нра́вится ______________ (to translate from English into Russian).

Ната́ша: А вы помога́ете ему́?

Ири́на: Да, чита́ю его́ ______________ (translations) на ру́сском языке́. Вчера́ он ______________ (translated) стихи́ молодо́го америка́нского па́рня. Здо́рово сде́лал.

Ната́ша: Ну, и вы, наве́рное, хорошо́ ______________ (translate)?

Ири́на: Когда́ как. Иногда́ ______________ (translate) лу́чше, а иногда́ ху́же. На Рождество́, ______________ (translated) стихи́ о ёлке. Непло́хо сде́лала.

Упражнéние 12 — (Г1) Place a check mark (✔) before each verb that is conjugated in the same way as **читáть.**

____ спрáшивать

____ слы́шать

____ отвечáть

____ брать

____ гуля́ть

____ понимáть

____ игрáть

____ писáть

____ рабóтать

____ поздравля́ть

____ собирáть

____ дýмать

____ спать

____ лежáть

____ решáть

____ слýшать

____ встречáть

____ взять

____ приéхать

____ помогáть

____ выступáть

Упражнéние 13 — (Г1) Write in the correct form of an appropriate verb, chosen from the list above.

1. Мы ________________________ мáрки. У нас их óчень мнóго.
2. Это Ири́на Михáйловна. Онá нас ________________________.
3. Где ________________________ твой пáпа, в óфисе?
4. Когдá я хорошó учи́лся, я прáвильно ________________________ на урóке.
5. Тáня и я ________________________ в пáрке кáждую суббóту.
6. Мы всегдá внимáтельно ________________________ учи́теля в шкóле.
7. Я вас ________________________ с днём рождéния.
8. Онá ________________________, что её друг óчень ýмный.
9. Вы ________________________ меня́, когдá я говорю́ по-англи́йски?
10. С кем ты ________________________ в шáхматы?
11. Комý Ири́на ________________________ пóсле шкóлы?

УПРАЖНЕ́НИЕ 14 Circle words from this lesson in the puzzle below:

О	У	Ы	Г	Ы	Ш	Ы	Д	Щ	К	В	Д	Ф	Ь	М	С
К	Р	Е	С	Т	Ь	Я	Н	И	Н	И	Ф	А	Р	С	Е
М	А	Ь	У	С	Ш	Ф	Р	Я	А	Ж	И	К	У	Й	К
А	З	С	И	Х	У	В	Л	Е	Ч	Ь	С	Я	Ъ	Ю	Р
Н	Д	О	Э	Б	Ж	Х	О	Б	И	А	Э	Щ	А	Ф	Е
Е	Е	Д	С	О	С	О	Б	Е	Н	Н	О	Ь	Ч	Ы	Т
К	Л	Е	Т	Ч	И	К	Й	М	А	Н	Я	Г	В	Д	А
Е	Й	Р	И	Ь	У	С	Т	А	Т	Ь	Я	П	А	Ы	Р
Н	И	Ж	Т	Ч	Ф	В	А	У	Ь	Ж	Б	Р	А	Т	Ь
Щ	З	А	Б	П	Х	Я	Л	А	Ш	О	У	Е	Г	Ы	—
И	О	Н	Л	Т	Р	Щ	Ж	Е	Р	У	Ф	У	Т	В	Р
Ц	Щ	И	Г	О	Л	Е	Ъ	П	К	Э	Л	Д	Ю	Ч	Е
А	У	Е	А	Ё	М	Н	Д	Ж	Д	А	Я	З	В	Ц	Ф
Э	Д	Й	Ч	Ж	Т	Н	О	М	Л	У	Т	Ф	Ж	Ъ	Е
Ц	Б	А	Л	Е	Р	И	Н	А	Е	В	Ф	Ь	И	Ю	Р
А	Р	Т	Э	А	П	К	В	З	Я	Т	Ь	Ц	С	К	Е
П	О	В	Т	О	Р	И	Т	Е	Л	Ь	Н	Ы	Й	Я	Н
Ы	П	К	Э	Р	О	К	—	М	У	З	Ы	К	А	Н	Т

Упражнение 15 Using the cues below, solve this puzzle and a word from the lesson will appear horizontally.

1. Я всегда́ вам рад ____
2. Мой муж хорошо́ перево́дит с англи́йского языка́. Он ____
3. Я люблю́ ____ моему́ му́жу. Когда́ он рабо́тает, я печа́таю на маши́нке.
4. ____ с англи́йского языка́ на ру́сский трудне́е, чем с ру́сского языка́ на англи́йский.
5. Это хоро́ший ____. Я ду́маю, что сам Пу́шкин был бы рад услы́шать свои́ стихи́ на тако́м англи́йском языке́.
6. Я уме́ю рабо́тать на компью́тере и, коне́чно, ____ на маши́нке.
7. Ната́ша должна́ ____ свой интервью́ сама́.
8. ____ в рабо́те учи́теля — люби́ть дете́й.

Упражне́ние 12 Solve this crossword puzzle.

По горизонта́ли

1. Очень хоро́ший. Всегда́ говори́т пра́вду.
3. То́же.
5. Ива́н ел бутербро́д и ____ пе́пси-ко́лу.
6. Сын лю́бит ____ отцу́, и па́па рад, что сын рабо́тает с ним.
9. ____ это словáрь, твой?
10. Дере́вня.
13. У меня́ есть сестра́, но у меня́ ____ бра́та.
14. Увлече́ние.
15. Ма́ша ____ бана́н и пьёт чай.
17. Челове́к, кото́рый лета́ет ____. Пило́т.
18. Очень интересова́ться.
21. Дере́вня.
22. Ка́ждый её хо́чет. Пу́шкин писа́л о ней.

По вертика́ли

2. Он хо́чет жить ____, без по́мощи семьи́.
4. Са́ша пил ко́ка-ко́лу и ____ колбасу́.
5. Эду́ард хорошо́ уме́ет ____ на маши́нке.
6. Я хочу́ ____ во́ду и́ли чай.
7. Все поздра́вили хокке́иста, кото́рый де́лал ____.
8. Тот, та, ____, те.
11. Он, она́, оно́, ____.
12. Ната́ша взяла́ ____ у себя́.
16. ____ для журнали́ста; — это писа́ть че́стно.
19. Вчера́ мы ходи́ли в ____ и смотре́ли о́чень хоро́ший америка́нский фильм.
20. Ка́ждое у́тро я хожу́ в шко́лу, а па́па хо́дит ____ рабо́ту.
21. Я то́же люблю́ ша́хматы. Хоти́те игра́ть ____ мной?

Второй урок

Человéк XXI вéка

Упражнéние 1 — (A1) A. Complete this account of "A Schoolboy's Day," using the illustrations as cues.

B. What did **Илю́ша** tell **Натáша**? Что прáвильно? Что непрáвильно? Use the drawings to remind you of what he said and write "прави́льно" or "непрáвильно" beneath each drawing.

1. Я встаю в дéвять часóв.
2. Я принимáю вáнну.
3. Я зáвтракаю, (На зáвтрак я) ем бутербрóд.
4. Я иду́ в магази́н.
5. Весь вéчер я смотрю́ телеви́зор.
6. Я ложу́сь спать в дéсять часóв.

День шкóльника

Илю́ша ...

1.

2.

3.

______________________ ______________________ ______________________

4.

5.

6.

______________________ ______________________ ______________________

Упражнéние 2 — (A1) **Натáша** said to **Илюша**: **«Начнём с анкеты»** (Let's begin with a questionnaire). Complete these sentences, using her statement as an example. What case did she use after the preposition **с**?

1. Сегóдня мы начнём с ______________________________ два. (упражнéние)
2. С ____________________________________ мы нáчали чáсто говорить по телефóну друг с другом. (этот день)
3. Порá рабóтать! Начнём с ____________________________. (чтéние тéкста)
4. Давáйте повторим эти урóки. Начнём с _______________ пять! (урóк)
5. Мáрта! Читáйте этот парáграф. Начните со _______________ «В этот же день . . . .» (словá)
6. Расскажите о себé. Начните с ____________________. Какáя онá? (семья)
7. Мы посмóтрим этот текст ещё раз. Давáйте начнём с ________________________ «Вéчер был тёмным, и шёл сильный дождь». (фрáза)
8. Мы нáчали читáть с _____________________________________ и всё посмотрéли в книгу. (это мéсто)
9. Всё началóсь с ___________________. (это)

Упражнéние 3 — (A2) Fill in the blanks with the correct forms of **ложиться/лечь** (to lie down).

1. Илюша сказáл, что он обычно ____________________________ спáть не óчень рáно.
2. Я óчень устáл. Сегóдня я ______________________________спать в дéсять.
3. Он видел, как собáка ______________________________ на сóлнце со своими щенкáми.
4. У меня кóшка óчень любит ___________________________________ на окнó и лежáть там дóлгое врéмя.
5. Мáленький медвéдь спросил: «Кто ____________________________ на мою кровáть?»
6. В моéй семьé ______________________________ спать в дéсять тридцать вéчера.

Упражнéние 4 — (A4) Fill in the blanks with the appropriate forms of the verbs **готóвить, приготóвить, готóвиться**, or **подготóвиться**.

1. Моя мáма óчень хорошó _____________________________________ борщ.
2. Андрéй ______________________________ к экзáменам. Он мнóго рабóтает.

3. Уже́ пора́ идти́ в шко́лу, а я ещё не ______________________________ уро́ки.

4. Сего́дня день рожде́ния ма́мы. Мы с па́пой ______________________________ обе́д.

5. Сейча́с выступле́ние кло́уна с соба́кой. Вот они́ ______________________________ к выступле́нию. Ви́дишь?

6. Ребя́та, сходи́те в магази́н за молоко́м, а я ______________________________ за́втрак.

7. За́втра бу́дет ве́чер. Ната́ша ______________________________ заку́ски.

8. Ири́на о́чень хорошо́ у́чится. Она́ внима́тельно ______________________________ свои́ уро́ки ка́ждый ве́чер.

9. Вчера́ бы́ло о́чень прия́тно. Твоя́ ма́ма ______________________________ о́чень вку́сный у́жин.

Упражне́ние 5 — (А4) Fill in the blanks to answer the question **К чему́ они́ гото́вятся?**

Образе́ц ▶ — Ты написа́л все упражне́ния?
— Нет, мне на́до написа́ть ещё одно́.

Они́ гото́вятся к уро́ку. *или* **Они́ гото́вятся к экза́мену.**

1. — Како́й краси́вый костю́м!
— Да, ско́ро Но́вый год, а в Но́вый год я хочу́ быть в но́вом костю́ме.
— Да, у меня́ то́же бу́дет но́вый костю́м.

____.

2. — Учи́тель сказа́л, что он не бу́дет спра́шивать нас слова́ из 5-ого уро́ка.
— Это хорошо́. Я ма́ло занима́лся, други́е уро́ки я зна́ю лу́чше, и мне ещё на́до перевести́ ма́ленькую статью́.

____.

3. — Что ещё на́до сде́лать?
— Нам на́до нарисова́ть большо́й плака́т и напеча́тать биле́ты. У нас оста́лось о́чень ма́ло вре́мени.

____.

4. — Почему́ я совсе́м не ви́жу Ви́ктора?

— Он хо́чет поступи́ть в фина́нсовый институ́т. Там большо́й ко́нкурс. Он мно́го занима́ется.

____.

5. — Ни́на, идём гуля́ть.

— Нет, я не могу́. У меня́ ско́ро соревнова́ния.

— Ой, я не зна́ла, что ты спортсме́нка. Я хочу́ пойти́ на соревнова́ния.

— Пра́вда? Я бу́ду о́чень ра́да.

____.

Упражне́ние 6 — (А6) Use **относи́ться** to write six correct sentences about how people feel about things.

кто?		**чему́?**	**как?**
Я		рели́гия	отли́чно
Ты		спорт	хорошо́
Илю́ша	**относи́ться к**	кла́ссика	пло́хо
Мы		шу́тки	не о́чень хорошо́
Вы		мирова́я культу́ра	норма́льно
шко́льники		худо́жественный фильм	обыкнове́нно

1. ____

____.

2. ____

____.

3. ____

____.

4. ____

____.

5. ____

____.

6. ____

____.

Упражне́ние 7 — (А6) Rewrite these sentences using the verb **относи́ться**.

Образе́ц ▶ Ви́ктор **лю́бит** класси́ческ**ую** му́зык**у**.
Он хорошо́ **отно́сится** к класси́ческой му́зыке.

1. Ма́ше нра́вится игра́ть в те́ннис.

____.

2. Я люблю́ рок-му́зыку.

____.

3. Джо́ну о́чень нра́вится баскетбо́л в шко́ле.

____.

4. Мое́й ма́ме о́чень нра́вится гру́ппа Битлз.

____.

5. Учи́телю совсе́м не нра́вится Мадо́нна.

____.

6. Влади́мир Высо́цкий не люби́л тако́го челове́ка.

____.

7. Ро́ма, ты лю́бишь матема́тику, да?

____.

8. Вам нра́вится го́род Петербу́рг?

____.

Упражне́ние 8 Complete this crossword with words from Section A of the text.

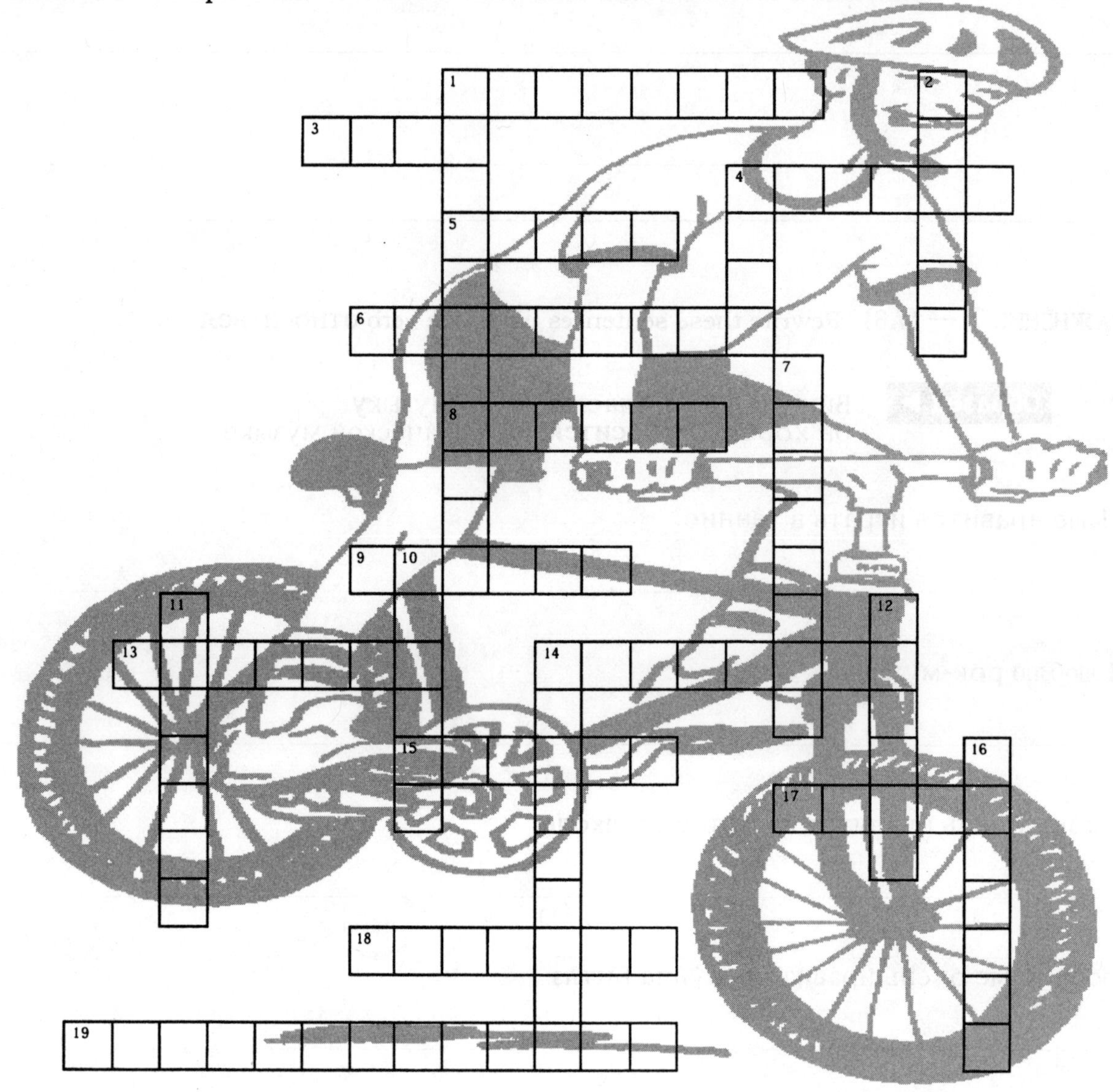

По горизонта́ли

1. Ма́льчик о́чень лю́бит ____ на велосипе́де.
3. Ты ____ встаёшь, и́ли ты лю́бишь по́здно встава́ть?
4. Как ты ду́маешь, у Илю́ши мо́дная ____, и́ли он консерва́тор?
5. А Илю́ша ложи́тся ____ по́здно и́ли ра́но?
6. Он ____ отно́сится к мо́де.
8. ____ — э́то мно́го вопро́сов о челове́ке, кото́рый заполня́ет её.
9. Илю́ша ду́мает, что лу́чше не ____, что э́то пло́хо для здоро́вья.
13. Я его́ ви́дел совсе́м ____, два-три дня наза́д.
14. Его́ ма́ма ду́мает, что он стра́нно вы́глядит. А я ду́маю, что э́то о́чень мо́дная ____. Мне нра́вятся дли́нные во́лосы.
15. Его́ сестра́ лю́бит ____ мо́дную оде́жду, а он в э́том консерва́тор.
17. ____ — э́то смешна́я исто́рия.
18. Уже́ семь часо́в. Я хочу́ есть. Дава́йте бу́дем ____.
19. Моя́ сестра́ о́чень лю́бит ____. Её во́лосы о́чень краси́вые, и она́ хо́чет, что́бы они́ всегда́ бы́ли мо́дными.

По вертика́ли

1. Илю́ша ____ и не хо́чет мо́дную причёску.
2. У него́ о́чень ____ костю́м, потому́ что он ему́ нра́вится. Он не отно́сится к мо́де серьёзно и покупа́ет то́лько то, что ему́ нра́вится.
4. В анке́те Илю́ши вы полу́чите одно́ ____, е́сли отве́тили «нет» на пе́рвый вопро́с.
7. Ему́ на́до ____ спать в де́сять. Он о́чень ра́но встаёт.
10. Тебе́ ____ ходи́ть в мо́дной оде́жде, и́ли тебе́ неудо́бно?
11. Кака́я у вас ____? Вы протеста́нт и́ли като́лик?
12. Даю́, даёшь, даю́т — э́то фо́рмы глаго́ла ____.
14. Мне на́до ____ душ.
16. У́тром Илю́ша встаёт и одева́ется. В э́то вре́мя его́ ма́ма гото́вит ____.

Упражне́ние 9 — (Б3) Express each of these ideas in a different way.

Образе́ц ▶ **Мне ка́жется**, что сего́дня жа́рко.

Я счита́ю, что сего́дня жа́рко.

и́ли

Я ду́маю, что сего́дня жа́рко.

1. Алла Дми́триевна ду́мает, что мя́со сто́ит о́чень до́рого.

____.

2. Нам ка́жется, что экза́мен был о́чень тру́дным.

____.

3. Мы ду́маем, что Ми́ша о́чень хоро́ший футболи́ст.

____.

4. Тебе́ ка́жется, что э́то плохо́й фильм?

____.

5. Я счита́ю, что э́тот мужчи́на бу́дет хоро́шим учи́телем.

____.

6. Моя́ подру́га ду́мает, что Москва́ краси́вее, чем Санкт-Петербу́рг.

____.

Упражне́ние 10 — (Б5) Choose a logical ending for each of these sentences.

Образе́ц ▶ Джон отли́чно рису́ет.
У него́ есть спосо́бности **к рисова́нию.**

1. Мэ́ри уже́ замеча́тельно говори́т по-ру́сски. У неё есть спосо́бности к

_______________________.

2. Моя́ подру́га прекра́сный поэ́т. У неё спосо́бности к _______________.

3. Ке́нет о́чень хоро́ший футболи́ст. У него́ спосо́бности к _______________.

4. Эти ребя́та замеча́тельно игра́ют на скри́пке. У них больши́е спосо́бности к

_______________________.

5. Ва́ля, ты должна́ ходи́ть в спортшко́лу. У тебя́ хоро́шие спосо́бности к ______________________________.

6. Вот но́вая карти́на моего́ дру́га. Я счита́ю, что он до́лжен быть худо́жником. У него́ есть спосо́бности к ______________________________.

7. Мой мла́дший брат замеча́тельный матема́тик. Он никогда́ не де́лает оши́бки. У него́ спосо́бности к ______________________________.

8. Матве́й хорошо́ игра́ет на гита́ре, но он плохо́й баскетболи́ст. У него́ совсе́м нет спосо́бностей к ______________________________.

9. Я хоте́л быть адвока́том, но пото́м я узна́л, что у меня́ есть спосо́бности к ______________________________, и я стал архите́ктором.

10. Когда́ Альберт Эйнштейн был в гимна́зии, все ду́мали, что у него́ нет спосо́бностей к ______________________________.

11. Я не люблю́ э́ту рабо́ту и пло́хо рабо́таю здесь. У меня́ нет спосо́бности к ______________________________.

Упражне́ние 11 — (Б1) Oral Exercise. Remember what **Илю́ша** said about the kind of music he liked? In order to discuss music and art, two adjectives are especially useful: **класси́ческий** and **совреме́нный**.

Образе́ц ►
— Ты что, лю́бишь класси́ческую литерату́ру?
— Да, люблю́. Но и совреме́нную люблю́, осо́бенно стихи́ молоды́х поэ́тов.

Use these words to state your own preferences for music, paintings, literature.

Вы мо́жете отве́тить так:

— Ты, наве́рное, лю́бишь то́лько класси́ческую му́зыку?
— Нет, что ты! Люблю́ класси́ческую, но и совреме́нную о́чень люблю́. Эрик Кла́птон — мой куми́р.

или

— Вам, наве́рное нра́вится то́лько класси́ческая му́зыка?
— Нет, что вы! Совсе́м наоборо́т. Люблю́ то́лько совреме́нную му́зыку. Класси́ческую му́зыку ску́чно слу́шать.

1. Вы, наве́рное, лю́бите то́лько класси́ческую литерату́ру?
2. Ты, наве́рное, лю́бишь то́лько рок?
3. Вам, наве́рное, не нра́вится джаз?
4. Вам, наве́рное, нра́вятся то́лько совреме́нные худо́жники?
5. Ты, наве́рное, лю́бишь то́лько поэ́тов — кла́ссиков?
6. Вам, наве́рное, не нра́вятся совреме́нные писа́тели?

Упражнéние 12 — (Б1-8) Complete this crossword puzzle with words from section Б and a new phrase will appear.

1. Мне нрáвится ____. Я люблю́ читáть её.
2. Дéти (ученики́) лю́бят ____ вопрóсы.
3. У тебя́ есть ____ в мýзыке?
4. Люби́мый предмéт моéй сестры́ — áлгебра. У неё ____ спосóбности.
5. Илю́ша игрáет на ____.
6. У меня́ плохóе ____. Не спал хорошó вчерá.
7. У когó ____ спосóбности? Я не знáю э́ти словá.
8. У Илю́ши есть ____ спосóбности.
9. Илю́ша не хóчет ____ игрáть на роя́ле.
10. Ты лю́бишь рисовáть. У тебя́ есть ____ спосóбности?
11. Я не зáвтракал. Óчень ____ есть.
12. Я люблю́ ____, хочу́ поступи́ть в экономи́ческий институ́т.
13. Расскажи́ мне ____ о себé.
14. Илю́ша вы́брал истóрию ____ в шкóле.
15. Но ____, скажи́ мне, что ты ду́маешь о мóде.

Фами́лия________________ **Числó**________________

Упражнение 13 — (В3) Напишите вопросы к этим ответам.

1. ____?

— Я ещё плохо знаю английский язык, но я очень хочу говорить хорошо.

2. ____?

— К сожалению я не был в Америке, но я хочу поехать туда скоро.

3. ____?

— У меня есть два брата. Сестёр у меня нет.

4. ____?

— Занимаюсь, только немного. Зимой катаюсь на коньках, а летом — на велосипеде.

5. ____?

— Мой кумир — Эрик Клаптон.

6. ____?

— Музыкальные способности у меня, конечно, есть, но я ленивый, мало работал.

7. ____?

— Сам не зарабатываю, мама даёт мне деньги.

8. ____?

— Экономика нравится, литературу люблю, особенно русскую классическую.

Упражнение 14 — (В4) Напишите ответы к этим вопросам.

1. Как вы знаете русский язык? Вы много работаете?

____

2. Вы были в России? Хотите поехать?

____

3. Какая у вас семья? Есть брат или сестра?

____

4. Вы занимаетесь спортом? Регулярно?

____

5. Кто ваш кумир? Почему?

____

6. Каки́е у вас есть спосо́бности?

____

7. Вы зараба́тываете себе́ де́ньги? Ма́ма и па́па даю́т?

____

8. Каки́е предме́ты вам нра́вятся в шко́ле? Почему́?

____

Упражне́ние 15 — (Г1) Review these verbs by filling in the blanks with the correct form: **относи́ться, е́здить, проси́ть, нра́виться, купи́ть, люби́ть, встре́тить(ся), поступи́ть, гото́виться, ходи́ть, пригласи́ть**

1. — Как ты ____________________ к класси́ческой му́зыке?

   — Она́ мне о́чень ____________________. Я ____________________ тебя́, игра́й, пожа́луйста, что́-нибудь класси́ческое.

2. Илю́ша ____________________ на авто́бусе в шко́лу ка́ждый день.

3. Все ученики́ хотя́т ____________________ в хоро́ший ко́ледж. И мы ду́маем, что они́ ____________________ в хоро́шие ко́леджи.

4. В январе́ ученики́ ____________________ к экза́менам.

5. А.С. Пу́шкин писа́л, что он ____________________ «безмо́лвно, безнаде́жно, то ро́бостью, то ре́вностью томи́м».

6. У тебя́ есть свобо́дное вре́мя сего́дня ве́чером? ____________________ со мной? Я бы хоте́ла пойти́ в кино́.

7. — Я тебя́ ви́дела вчера́ в магази́не «Си́эрс». Ты ____________________ что́-нибудь?

   — Нет, не могла́ реши́ть, каку́ю су́мку ____________________. Но сего́дня ве́чером обяза́тельно опя́ть пойду́ и ____________________.

8. — Где ты был вчера́? Тебя́ не́ было до́ма.

   — Я ____________________ на конце́рт «Йю Ту». Ка́ждую суббо́ту я ____________________ на конце́рты.

9. — В воскресе́нье у тебя́ день рожде́ния. Кого́ ты ____________________?

Упражнéние 16 Переведите.

1. My brother rides a bicycle, but I like to skate.

2. I get up early, take a shower, then eat breakfast.

3. I am conservative. I do not wear stylish clothing. I don't want a fashionable hairdo.

4. My family regularly goes to bed very late.

5. I feel like eating supper early. Is that convenient?

6. Ilyusha showers at seven o'clock every morning.

7. She is involved in sports: soccer, swimming, and gymnastics.

8. Natasha likes comfortable clothing.

Упражне́ние 17 Кроссво́рд.

По горизонта́ли

1. Я ду́маю, что я живу́ ____, не о́чень хорошо́, не о́чень пло́хо.
4. Когда́ он хо́чет ____-нибу́дь купи́ть, он покупа́ет, е́сли есть де́ньги.
6. Ей ____ нра́вится матема́тика, но она́ лю́бит ру́сский язы́к.
7. У него́ мо́дные во́лосы, о́чень мо́дная ____.
10. Очень ра́но, а он ____ здесь.
11. Он ____ консерва́тор. Он лю́бит мо́дную оде́жду.
14. У меня́ соба́ка не пу́дель, а ____
15. Это есть, у́тром.
17. В хокке́е э́то даёт очко́.
18. По-ру́сски, на́до «____ душ».
19. Говоря́т «относи́ться ____».
20. Когда́ нет войны́, есть ____.
21. Ура́, гол! Это одно́ ____.
25. Илю́ша хо́чет одева́ться ____.
26. Когда́ вам хорошо́, комфорта́бельно.
27. По-ру́сски, на́до говори́ть «____ оде́жду».
29. Это мой друг ____ Аме́рики. Его́ зову́т Джим.
31. Совсе́м не по́здно. То́же не во́время.
33. Мо́жно ходи́ть на лы́жах, и́ли ____ на них.
35. Нра́виться, люби́ть, хорошо́ ____.
36. Тот, та, то, ____.

По вертика́ли

2. Это руба́шка, брю́ки, пла́тье, блу́зка.
3. У Ма́ши. У ____ .
5. Тот, та, ____, те.
6. ____, погоди́!
8. Ду́мать.
9. Ка́ждый день, и́ли ка́ждую неде́лю, и́ли ка́ждый ме́сяц.
11. Мэ́ри рабо́тает хорошо́, ____ Ви́ктор рабо́тает лу́чше.
12. Я получи́л письмо́ ____ роди́телей.
13. — Ты был там? — ____, коне́чно, ты меня́ не ви́дел?
16. Ко́лин Па́уэл о́чень хоро́ший генера́л. Он — мой ____.
22. Что́бы быть хоро́шим челове́ком, э́то зна́чит жить ____
23. Если бу́дете встава́ть ра́но, на́до ____ спать не о́чень по́здно.
24. ____, она́, оно́, они́.
25. Обе́дать. Есть.
26. — Где па́па? — Я ____ зна́ю, где он.
28. Тот, ____, то, те.
30. В - во, к - ко, с - ____.
31. ____ и́ли по́здно.
32. ____ и́ли нет.
34. Мно́го бога́тых корабле́й. Мно́го ____.

Фами́лия____________________ Число́____________

3 Третий урок

«Я по́нял, что не могу́ не лета́ть.»

Упражне́ние 1 — (А3) Fill in the blanks. Use the correct forms of: **лета́ть/лете́ть**.

1. Влади́мир Никола́евич ______________________ на самолёте ТУ-164.

   Он ______________________ уже́ 30 лет.

2. — Воло́дя, куда́ ты сейча́с ______________________ ?

   — Я ______________________ в Ирку́тск.

3. В ма́е я ______________________ в Москву́. Я был у мое́й тёти. Там бы́ло о́чень хорошо́.
4. Когда́ я ______________________ в Ло́ндон, я познако́мился с мое́й бу́дущей жено́й.
5. Смотри́, пти́цы ______________________ на юг. Ско́ро зима́.
6. Мой па́па ча́сто ______________________ в Нью Йорк.
7. Когда́ я ______________________, моя́ ма́ма о́чень волну́ется.

Упражне́ние 2 — (А3) Напиши́те пра́вильную фо́рму глаго́лов: **лета́ть, лете́ть**.

Разгово́р в аэропорту́ в Москве́

— Энри, я ви́жу у тебя́ биле́т. Куда́ вы ______________________?

— ______________________ в Сиби́рь.

— Весно́й я ______________________ в Ирку́тск. А в како́й го́род ты ______________________?

— Моя́ жена́ сейча́с в Нори́льске в институ́те, и я хочу́ ______________________ туда́, что́бы быть с ней.

— А она́ ча́сто туда́ ______________________?

— Да, ча́сто. Мы ______________________ туда́, потому́ что её оте́ц живёт недалеко́ от Нори́льска. Наве́рное, вся семья́ лю́бит ______________________ туда́, осо́бенно ле́том.

— Да, зимо́й никто́ не хо́чет туда́ ______________________. А вы куда́ ______________________?

— Я? Че́рез три часа́ бу́ду в Ялте на да́че друзе́й. Я туда́ ______________________ ка́ждое ле́то. Со́лнце, мо́ре, ...

Упражне́ние 3 — (A5) Rewrite the sentences, following the example.

Образе́ц ▶ Ната́ша: Воло́дя, я хочу́, что́бы ты сде́лал э́то упражне́ние.
Ната́ша хо́чет, что́бы Воло́дя сде́лал э́то упражне́ние.

1. Воло́дя: Ольга, я хочу́, что́бы ты познако́мила меня́ с подру́гой.

____

2. Оле́г и Ни́на: Мы хоти́м, что́бы ма́ма прие́хала домо́й.

____

3. Учи́тельница: Ребя́та, я хочу́, что́бы вы слу́шали меня́ внима́тельно.

____

4. Лётчик: Я хочу́, что́бы пассажи́ры се́ли на места́.

____

5. Стюарде́сса: Макс, я хоте́ла, что́бы мы встре́тились по́зже.

____

Упражне́ние 4 — (A5) Complete these sentences that use **что́бы**.

Образе́ц ▶ Мы хоти́м, что́бы Джон пошёл с на́ми домо́й.

1. Я хочу́, что́бы ______________________________.
2. Она́ хоте́ла, что́бы ______________________________.
3. Мы жела́ем, что́бы ______________________________.
4. Оле́г и Мари́на хотя́т, что́бы ______________________________.
5. Роди́тели жела́ют, что́бы ______________________________.
6. Вы хоте́ли, что́бы ______________________________?
7. Са́ша, ты хоте́ла, что́бы ______________________________?
8. Наш учи́тель хоте́л, что́бы ______________________________.

Упражне́ние 5 — (A5) Rewrite these sentences according to the example.

Образе́ц ▶ Ната́ша проси́ла Воло́дю сде́лать э́то упражне́ние.
Ната́ша хо́чет, что́бы Воло́дя сде́лал э́то упражне́ние.

1. Стюарде́сса попроси́ла лётчика познако́мить её с дру́гом.

2. Мы попроси́ли Ива́на прийти́ к нам в го́сти.

3. Ма́ма про́сит нас не забы́ть позвони́ть ей ве́чером.

4. Друзья́ про́сят нас писа́ть им поча́ще.

5. Ви́ктор Ива́нович попроси́л ребя́т сиде́ть ти́ше.

6. Дире́ктор шко́лы про́сит нас бо́льше занима́ться ве́чером.

7. Учи́тель попроси́л ребя́т лу́чше гото́виться к экза́мену.

Упражне́ние 6 — (A5) Перепиши́те э́ти фра́зы по образцу́.

Образе́ц ▶ Я хочу́ пойти́ в кино́, а он ещё ду́мает.
Я хочу́, **что́бы он пошёл в кино́**.

1. Он хо́чет рабо́тать в больни́це, а я пока́ не зна́ю.

2. Мы хоте́ли оста́ться до́ма, а Мари́я хоте́ла гуля́ть.

3. Я хочу́ поступи́ть в МГУ, а моя́ подру́га бу́дет поступа́ть в МГУ в э́том году́.

4. Друзья́ хотя́т поблагодари́ть дире́ктора, а учи́тель то́же поблагодари́т его́.

5. Са́ша хоте́л игра́ть в хокке́й, а мы ещё ду́мали.

Упражне́ние 7 — (A5) Rewrite these sentences according to the example.

Образе́ц ▶ Я хочу́, что́бы он занима́лся в библиоте́ке.
Он бу́дет занима́ться в библиоте́ке.

1. Он хо́чет, что́бы я позвони́л Ма́ше.

____

2. Подру́ги жела́ют, что́бы Ира пошла́ с ни́ми в теа́тр.

____

3. Ни́на Алекса́ндровна хоте́ла, что́бы Артём занима́лся бо́льше.

____

4. Мы хоти́м, что́бы на́ши друзья́ познако́мили нас с но́выми шко́льниками.

____

5. Влади́мир Никола́евич жела́л, что́бы его́ до́чка ко́нчила институ́т.

____

6. Роди́тели хотя́т, что́бы их сын стал лётчиком.

____

7. Учи́тель сказа́л, что́бы мы сиде́ли ти́хо и на́чали свою́ рабо́ту.

____

Упражне́ние 8 — (A10) **Fill in the blanks with the missing question word for each sentence. Then give an answer based on the reading about Siberia on page 70 of your textbook.**

Образе́ц ▶ Где о́чень тру́дные усло́вия?
На се́вере Сиби́ри.

1. ______________________ со́лнца совсе́м не быва́ет?

____

2. ______________________ не быва́ет но́чи?

____

3. ______________________ нахо́дится в Сиби́ри?

____

4. ________________________ считáют, что Сибирь óчень богáтое мéсто?

____

5. ________________________ гóрод — один из сáмых сéверных городóв мира?

____

6. ________________________ нáчали стрóить гóрод Норильск?

____

7. ____________________ óкна стрóят в Норильске?

____

8. ____________________ люди, котóрые приéхали на 3-4 гóда, потóм хотят остáться?

____

Упражнéние 9 — (Б1) **Oral Exercise.** Choose an appropriate follow-up sentence for each of the numbered sentences below:

Образéц ▶ — Мой муж перевóдчик.
— **Кстáти**, он переводил америкáнских писáтелей на рýсский язык.

1. — Моя мáма ýчит студéнтов рýсскому языкý.
2. — Я летáл на рáзных самолётах.
3. — Я люблю возиться с тéхникой, с машинами.
4. — Ужé мéсяц у нас на сéвере плохие погóдные услóвия, мы почти не мóжем летáть.
5. — И я, и мой стáрший брат — журналисты.

— Кстáти, и сегóдня плохáя погóда: ýтром тумáн, а сейчáс сильная пургá.

— Кстáти, недáвно я сдéлал настоящую машину для своегó сына.

— Кстáти, сейчáс он читáет, как жил Пýшкин в ссылке в Михáйловском.

— Кстáти, онá занимáлась и с америкáнскими студéнтами.

— Кстáти, я летáл на однóм из пéрвых «ТУ-154».

— Кстáти, это нáша семéйная профéссия: наш отéц — тóже журналист.

Упражнение 10 — (A7) Examine these drawings, then use them as cues for writing a short essay entitled **«Моя́ пое́здка на самолёте».**

Пото́м посмотри́те в уче́бник, страни́ца 65. Каки́х рису́нков, кото́рые есть в уче́бнике, нет на э́той страни́це?

Упражне́ние 11 — (Б3) Зако́нчите э́ти да́ты слова́ми, а пото́м напиши́те ци́фрами.

Образе́ц ▶ Он роди́лся в ты́сяча девятьсо́т пятьдеся́т пя́**том** году́. **1955**

1. Он был там в ты́сяча девятьсо́т шестьдеся́т пе́рв________ году́. __________
2. Брат роди́лся в ты́сяча девятьсо́т во́семьдесят шест________ году́. __________
3. Кора́бль «Мэ́йфлаур» пришёл в Аме́рику в ты́сяча шестьсо́т двадца́т________ году́. __________
4. Ива́н Тре́тий стал царём в ты́сяча четы́реста шестьдеся́т втор________ году́. __________
5. Президе́нт Ро́нальд Ре́йган роди́лся в ты́сяча девятьсо́т оди́ннадцат________ году́. __________
6. Втора́я ру́сская револю́ция (социалисти́ческая) была́ в ты́сяча девятьсо́т семна́дцат________ году́. __________
7. Изве́стный америка́нский рома́н «Uncle Tom's Cabin» напеча́тали в ты́сяча восемьсо́т пятьдеся́т втор________ году́. __________
8. Втора́я мирова́я война́ ко́нчилась в ты́сяча девятьсо́т со́рок пят________ году́. __________
9. Президе́нта Джо́на Ке́ннеди уби́ли в ты́сяча девятьсо́т шестьдеся́т тре́ть ________ году́. __________

Упражне́ние 12 — (Б3) State when an event happened or will happen.

Образе́ц ▶ Илю́ша поступи́л в институ́т в **ты́сяча девятьсо́т девяно́сто тре́тьем году́**. [1993]

1. Ната́ша взяла́ своё пе́рвое интервью́, когда́ она́ ещё была́ учени́цей в сре́дней шко́ле в ____ . (1981)
2. Влади́мир Никола́евич ча́сто лета́л в Сиби́рь, осо́бенно в ____________________ ____ . (1978)
3. Анто́н, сын Ната́ши, роди́лся в ____ ____ . (1986)
4. Два́дцать пе́рвый век начина́ется в ____ (2000) и́ли ____ . ((2001)?

5. Го́роду Москве́ бу́дет 850 лет в ________________________________

________________________________ . (1997)

6. Пого́да в ________________________________ (this year) норма́льная, не как в

________________________________ (last year), когда́ каза́лось, что ка́ждый день идёт дождь.

Упражне́ние 13 — (Б8) **Oral exercise.** Когда́ вам говоря́т «Спаси́бо» и́ли «Благодарю́», мо́жно отвеча́ть «Не́ за что» и́ли «Пожа́луйста», и́ли «Очень рад помо́чь». Respond to the following expressions of gratitude.

Образе́ц ▶ Спаси́бо, что вы помога́ли мне вчера́.
— Не́ за что, Я был о́чень рад помога́ть.

1. Спаси́бо, что ты помо́г/помогла́ мне с э́тим упражне́нием.
2. Мы о́чень благодари́м вас, что вы так хорошо́ всё пригото́вили.
3. Спаси́бо от всей на́шей гру́ппы за прекра́сные пода́рки.
4. Я хоте́л бы поблагодари́ть вас за ва́шу по́мощь.
5. Спаси́бо за слова́рь. Я давно́ хоте́л тако́й.

Упражне́ние 14 — (Г1) Complete these sentences, using the correct forms of **лете́ть, прилете́ть, вы́лететь, полете́ть, ви́деть, уви́деть, сиде́ть, посиде́ть.**

Му́жу Ната́ши на́до полете́ть в Вашингто́н, в суббо́ту. Вот разгово́р Ната́ши, Са́ши и их сы́на Анто́на.

Са́ша: Анто́н, ________________ мой биле́т и поса́дочный тало́н на столе́.
(you see)

Посмотри́, скажи́, когда́ я ________________.
(will fly out)

Анто́н: Па́па, ты ________________ в 11.00 часо́в утра́.
(will fly out)

Са́ша: А где моё ме́сто?

Анто́н: В пе́рвом сало́не, ... ме́сто 13А.

Са́ша: Где? Где я ________________?
(am sitting)

Анто́н: 13А. Оно́ у окна́. Это удо́бно.

Са́ша: А когда́ самолёт ____________________ в Вашингто́н?
(will arrive)

Анто́н: Не ____________________. Ах, да, в час дня. И по́сле э́того ты
(see)

____________________ краси́вые места́ Вашингто́на.
(will see)

Са́ша: Да, в Вашингто́не есть краси́вые места́. В оди́н прекра́сный день и ты

____________________ и ____________________ всё э́то.
(will fly) (will see)

Ната́ша: Да, мо́жет быть, на́ша семья́ одна́жды ____________________ в Вашингто́н.
(will fly)

Упражне́ние 15 — (Г1) Complete these sentences, using the verbs in parentheses.

Образе́ц ▶ Я за́втра ____________________ в Ирку́тск. (полете́ть)

Я за́втра **полечу́** в Ирку́тск.

1. Мои́ друзья́ ____________________ сюда́ за́втра, в пять утра́. (прилете́ть)
2. Я уста́л. Дава́йте я ____________________ немно́го. (посиде́ть)
3. Эти ста́рые лю́ди ____________________ там це́лыми часа́ми. (сиде́ть)
4. Че́рез два дня я ____________________ в го́род Алма-Ату́. (полете́ть)
5. Я зна́ю, что ты там бу́дешь. А е́сли дире́ктор тебя́ ____________________? (увидеть)
6. Я смотрю́ телеви́зор и прекра́сно ____________________, как игра́ет Ва́ня. (ви́деть)
7. Ребя́та, я вас ____________________ слу́шать внима́тельно! (проси́ть)
8. Ма́ма, я ____________________ и пишу́ свою́ дома́шнюю рабо́ту! (сиде́ть)
9. На́ши ребя́та ____________________, что́бы вы рассказа́ли им о рабо́те лётчика. (проси́ть)
10. Не беспоко́йтесь! Мы ____________________ как раз в два часа́. (прилете́ть)

Упражне́ние 16 Write these words opposite their Russian meanings: **аэродро́м, каби́на, командиро́вка, крыло́, ме́сто, мла́дшая сестра́, пти́ца, расписа́ние, сесть, ско́рость, стюарде́сса, тип, тишина́, трус, тума́н, уме́ние, хвост.**

Образе́ц ▶ Ваш брат, кото́рый роди́лся ра́ньше, чем вы. — **Ста́рший брат**

1. Живо́тное, кото́рое лета́ет. ________
2. Ме́сто, отку́да взлета́ет самолёт. ________
3. Сестра́, кото́рая родила́сь по́зже, чем вы. ________
4. То, что вы уме́ете. ________
5. «Коне́ц» самолёта. ________
6. Же́нщина, кото́рая помога́ет пассажи́рам в самолёте. ________
7. Когда́ челове́к лета́ет/е́здит по дела́м би́знеса и́ли рабо́ты. ________
8. На нём мо́жно чита́ть, когда́ и куда́ лети́т самолёт. ________
9. Где сиди́т пассажи́р, и́ли шко́льник, и́ли зри́тель. ________
10. Сорт, вид самолёта. ________
11. Ско́лько киломе́тров в час е́дет маши́на, лети́т самолёт. ________
12. Взять своё ме́сто. ________
13. Совсе́м не сме́лый челове́к. ________
14. Когда́ вода́ в во́духе, то́лько не идёт дождь. ________
15. То, что есть, когда́ никто́ не говори́т, ничего́ не шуми́т. ________
16. Часть самолёта. Обы́чно есть два. ________
17. Часть самолёта, где рабо́тает лётчик. ________

Упражне́ние 17 Unscramble these phrases used in the lesson.

1. члосостагив ётлапо ________
2. коймяг содикап ________
3. чимоскский рокальб ________
4. часоподный ланот ________
5. дазяр тибродос ________

Упражне́ние 18 Find completions or responses to these sentences. (There is one extra answer.)

1. С са́мого де́тства Влади́мир Никола́евич ...	____	— хоро́шая игра́, что́бы развива́ть реа́кцию.
2. Мно́гие лю́ди ду́мают, что́бы не теря́ть го́ловы ...	____	— Кста́ти, он там и постро́ил себе́ ба́ню.
3. Рабо́тать ле́гче ...	____	— потому́ что всегда́ бы́ли но́вые ти́пы самолётов.
4. Когда́ у Влади́мира Никола́евича свобо́дное вре́мя, он лю́бит быть в дере́вне.	____	— люби́л разгово́ры о самолётах.
	____	— ну́жно не то́лько лётчику.
5. Влади́мир Никола́евич всю жизнь учи́лся,	____	— Наве́рное, и то и друго́е.
6. Насто́льный те́ннис ...	____	— гла́вное ка́чество для лётчика.
7. Уме́ние держа́ть себя́ в рука́х ...	____	— пла́вание — хоро́ший спорт.
8. Влади́мир Никола́евич, хоти́те лете́ть за грани́цу и́ли по Росси́и?	____	— когда́ лю́бишь то, что де́лаешь. Тогда́ не ду́маешь, каки́е пого́дные усло́вия.

Упражне́ние 19 Circle the words from this lesson found in the puzzle below.

П	О	С	А	Д	О	Ч	Н	Ы	Й	Т	А	Л	О	Н
Р	У	И	Р	Щ	Д	В	О	Е	Р	А	У	У	Л	О
С	Т	Р	А	Х	У	Н	К	Й	Е	М	Е	Н	Ш	Р
Р	Ш	И	Ы	Р	Ф	Т	Н	В	Ы	О	З	А	Т	И
К	З	Я	К	Р	Ы	Л	О	Ц	Э	Ж	Ъ	И	Х	Л
В	Д	Щ	А	К	В	В	Щ	А	Я	Е	З	У	Ф	Ь
Щ	Ф	К	Б	Ъ	Ы	С	А	Л	О	Н	Ы	Ж	Т	С
Н	Х	У	И	Л	Х	О	П	Щ	У	Н	Д	Ф	Э	К
Щ	В	М	Н	Й	О	Ж	У	Ё	Ъ	И	Л	П	Ё	Г
К	О	М	А	Н	Д	И	Р	О	В	К	А	З	Я	О
Й	С	Л	Т	Щ	Ц	Р	Г	Ш	Ь	Г	Ы	Х	Э	Ж
Ж	Т	Р	У	С	Ф	Ё	А	О	У	С	Ж	С	В	А

Упражнéние 21 Complete this crossword.

По горизонта́ли

1. ____ , я о́чень люблю́ ру́сский язы́к. Почему́ ты спра́шиваешь?
2. Мы хоти́м, ____ ты поступи́л в университе́т.
4. Наш самолёт пло́хо лети́т. ____ рабо́тает пло́хо.
8. Ва́ня, ты хо́чешь пойти́ в теа́тр ____ мной?
10. У лётчика и́ли у лётчицы должна́ быть ____ в себе́.
12. Кто был там, тот ма́льчик, и́ли ____ де́вочка?
14. О́чень тру́дно лета́ть, когда́ на земле́ лежи́т ____.
16. — Отку́да вы, Михаи́л Ю́рьевич?
    — Я ____ Волгогра́да.
17. Же́нское и́мя ____ — о́чень популя́рное.
18. Когда́ дви́гатель пло́хо рабо́тает, и́ли лети́шь че́рез тума́н, коне́чно чу́вствуешь ____
20. Где вы бы́ли, ребя́та? Я ____ хоте́л познако́мить с мои́м дру́гом Би́ллом.
22. В каби́не самолёта есть ____, где сиди́т лётчик.
26. Эти де́вочки у́мные и краси́вые, а ____ ещё умне́е и краси́вее!
28. Лу́чшие места́ на самолёте — э́то у ____.
29. Когда́ его́ ма́ма гото́вила пи́ццу, он всегда́ ____ о́чень мно́го.
31. Вы не зна́ете, ____ э́то? Извини́те, разреши́те познако́мить вас. Э́то моя́ сестра́, Дже́ки.
32. Вот Ива́н Никола́евич прилете́л из Ми́нска. Ты ____ зна́ешь?
33. Мы то́лько что прилете́ли из Владивосто́ка. Наш ____ был прия́тный, но дли́нный.
34. ____ мне бы́ло чу́вство стра́ха, когда́ я узна́л, что дви́гатель не рабо́тает.
35. Мы ждём моего́ па́пу. ____ его́ самолёта че́рез 10 мину́т.
37. Эта страна́ о́чень больша́я, а ____ совсе́м ма́ленькая.
38. ____ кого́ э́то письмо́? Я ду́маю, что его́ писа́ла моя́ сестра́.
40. Влади́мир Никола́евич ____ челове́к, у кото́рого Ната́ша взяла́ интервью́.
41. Лётчик до́лжен понима́ть, что тако́е ____. Он до́лжен отвеча́ть за свой самолёт.
45. —Ты понима́ешь меня́, Во́ва?
    — ____, коне́чно, я тебя́ понима́ю.
46. Кто ____ хо́чет моро́женное?
48. Ни́на Андре́евна, ____ прекра́сно вы́глядите сего́дня!
49. Это ____ же о́зеро, где мы отдыха́ли ле́том.
50. По́сле шко́лы она́ сра́зу же пошла́ ____ и сде́лала дома́шнюю рабо́ту.

По вертика́ли

1. ____ свида́ния! Жела́ю тебе́ мя́гкой поса́дки!
3. Вот ру́сская ____. Пойдём туда́.
5. ____ де́вушка, кото́рую люблю́.
6. Старики́ хотя́т, что́бы была́ ____ вокру́г. А молодёжь лю́бит шум.
7. Я был лётчиком на се́вере, но моя́ жена́ совсе́м не ____. Она́ никогда́ не лета́ла.
8. Пе́рвый иску́ственный ____ полете́л в 1957 году́.
9. ____ э́тот шко́льник, кото́рого мы хоте́ли ви́деть.
10. ____ лета́ть на самолёте о́чень ну́жно для лётчика.
11. Мы лети́м из Петербу́рга в Хе́льсинки. Это ____ 162, в 2 часа́.
13. Ско́лько ____ лет, Никола́й Ива́нович?
14. ____ упражне́ние гора́здо трудне́е, чем э́то.
15. Это неплохи́е ____ в парте́ре. Бу́дет хорошо́ ви́дно.
19. Ле́том он ____ арбу́з ка́ждый день. Как бы́ло прия́тно!
20. Наш рейс до́лжен ____ в 8.40 утра́.
21. У нас был о́чень большо́й ____. На нём бы́ло бо́льше 400 (четырёхсот) люде́й.
23. У лётчика должна́ быть ____. Он не до́лжен чу́вствовать страх.
24. Наш дом нахо́дится недалеко́ ____ шко́лы.
25. Всё гото́во, ____ из Росси́и че́рез две мину́ты.
27. Вот у нас о́чень больша́я ____, бо́льше 600 (шестисо́т) миль в час.
28. Ве́рочка, иди́ ____ мне, дорога́я.
30. На́ша соба́ка всегда́ ____ ря́дом с мои́м бра́том.
31. В — во, с — со, к — ____.
34. Нельзя́ здесь войти́. Это же ____, а не вход.
36. Этот магази́н не на пра́вой стороне́ у́лицы, а на ____.
39. Я бу́ду помога́ть ____, Вади́м, е́сли ты бу́дешь мне помога́ть.
42. У меня́ две сестры́, но у меня́ ____ бра́та.
43. Я люблю́ жить в дере́вне. У меня́ здесь свой дом и свой ____, где я выра́щиваю о́вощи.
44. Ва́ля, спаси́бо, что ____ помогла́ мне.
46. Я хочу́ идти́ домо́й, ____ мне ну́жно ещё рабо́тать.
47. Я не люблю́ таку́ю му́зыку, а ____ нра́вится.

Упражнéние 21 Complete the crossword puzzle correctly and a new word from this lesson will appear.

1. И ты летишь в Москву́ за́втра?! Како́й ______ у тебя́? У меня́ — № 531.
2. Когда́ я лета́ла из Вашингто́на в Сан Франци́ско, моё ______ бы́ло у окна́ и я хорошо́ ви́дел города́, дере́вни, го́ры, ре́ки.
3. Лю́дям, кото́рые собира́ются лете́ть, говоря́т: ______.
4. В аэропорту́ мо́жно ча́сто слы́шать: пора́ ______.
5. В нём мо́жно сиде́ть и лете́ть.
6. У моего́ кота́, та́кже как и у самолёта есть ______.
7. Одно́ ______ у самолёта на ле́вой стороне́ и одно́ на пра́вой.
8. В самолёте ______ спроси́ла: "Вы бу́дете чай, ко́фе и́ли ко́ка-ко́лу?"
9. ______ родила́сь в 1903 году́.
10. Где ______ самолётов? Когда́ прилета́ет самолёт из Санкт-Петербу́рга?
11. Сюда́ нельзя́ ______; здесь ме́сто для багажа́.

Упражнéние 22

Imagine that you are in charge of advertising for airline X. Write some advertising copy that will be distributed to newspapers. Praise the pilots and the comfort of the plane.

Четвёртый урок

Повторéние урóков 1-3

Упражнéние 1 — (1А1) Examine this drawing, then, in the space provided, write down what you think each person is saying.

Журналист: ______________________________

____

____

Свящéнник: ______________________________

____

____

Упражнéние 2 — (1А1) **Oral Exercise.** Give the statements to which these are responses.

Образéц ▶ **Обязáтельно посмотри́ э́тот фильм. Очень интерéсный.**
Я ужé ви́дела. Фильм как фильм.

1. — ....
 — Я знáю э́того пáрня. Пáрень как пáрень.
2. — ....
 — Я ужé попрóбовал. Салáт как салáт.
3. — ....
 — Я ужé ви́дела э́тот портрéт. Портрéт как портрéт.
4. — ....
 — Я ужé слы́шал э́ту пласти́нку. По-мóему, пласти́нка как пласти́нка.
5. — ....
 — Я ужé сдéлала э́то упражнéние. Упражнéние как упражнéние.
6. — ....
 — Мы ужé прочитáли э́тот ромáн. Ромáн как ромáн.
7. — ....
 — Мы ужé ви́дели э́тот балéт: балéт как балéт.
8. — ....
 — Я ви́дел, как он игрáет. Хоккеи́ст как хоккеи́ст.
9. — ....
 — Я знáю э́ту пéсню. Онá мне не óчень нрáвится. Пéсня как пéсня.
10. — ....
 — Грýппа не óчень, я дýмаю. Грýппа как грýппа.

Фами́лия ______________________ Числó ______________________

Упражне́ние 3 — (1A1) Продо́лжите по образцу́.

Образе́ц ▶ — Спаси́бо, но я не пойду́ на като́к.
— Ты что, не уме́ешь ката́ться?

1. — Извини́те, но я не могу́ прие́хать.

— ____?

2. — Я о́чень пло́хо написа́л рабо́ту на экза́мене.

— ____?

3. — Ната́ша вчера́ не была́ на ма́тче.

— ____?

4. — Марк вчера́ не звони́л Ната́ше.

— ____?

5. — Мы не мо́жем чита́ть э́тот рома́н.

— ____?

6. — Я не могла́ занима́ться вчера́.

— ____?

7. — Вчера́ победи́ла друга́я кома́нда.

— ____?

Упражне́ние 4 — (1A3) Брать/взять интервью. Переведи́те.

1. **Natasha has interviewed a student, a doctor, and herself.**

____

2. **Nikolai Ivanovich, may I interview you for a Russian textbook?**

____

3. **Today I have to interview a pilot and type the text.**

____

4. **They will also interview a nurse and a musician.**

____

Упражне́ние 5 — (1A5) Продо́лжите по образцу́.

Образе́ц ► Мне о́чень нра́вятся языки́, **осо́бенно ру́сский.**

1. Я о́чень люблю́ му́зыку, ______________________________.
2. Нам нра́вится спорт, ______________________________.
3. Ей нра́вятся хоккеи́сты, ______________________________.
4. Сестра́ о́чень лю́бит кинофи́льмы, ______________________________.
5. Алексе́ю нра́вятся о́вощи, ______________________________.
6. Они́ лю́бят моро́женое, ______________________________.
7. Я люблю́ цветы́, ______________________________.
8. Им нра́вится сок, ______________________________.
9. Мы лю́бим э́тот го́род, ______________________________.
10. Эта кварти́ра о́чень краси́вая, ______________________________.

Упражне́ние 6 — (1A5) Write a beginning for each sentence. Use **нра́виться** or **люби́ть.**

1. ______________________________, осо́бенно биоло́гию.
2. ______________________________, осо́бенно «Нью-Йорк Таймс».
3. ______________________________, осо́бенно «Маши́на вре́мени».
4. ______________________________, осо́бенно апельси́ны.
5. ______________________________, осо́бенно детекти́вы.
6. ______________________________, осо́бенно твоя́ сестра́.
7. ______________________________, осо́бенно твоего́ бра́та.
8. ______________________________, осо́бенно кома́нда «Спарта́к».
9. ______________________________, осо́бенно ию́нь и ию́ль.

Упражне́ние 7 — (1A7) Write the necessary forms of the verbs **начина́ть/нача́ть** or **конча́ть/ко́нчить.**

1. Алексе́й ______________________ рабо́тать в семь часо́в в сре́ду. Он о́чень хо́чет зарабо́тать де́ньги.
2. Его́ сестра́ ______________________ ходи́ть в шко́лу в э́том году́. Она́ в пе́рвом кла́ссе.
3. Сегодня контро́льная рабо́та. За́втра мы ______________________ но́вый уро́к.
4. Учителя́ всегда́ ______________ пе́рвый уро́к в 8:10 и ______________ в 8:55 утра́.
5. Автор ______________ писа́ть свой пе́рвый рома́н, когда́ ему́ бы́ло уже́ пятьдеся́т лет.
6. Мой брат ______________________ университе́т в ты́сяча девятьсо́т девяно́сто седьмо́м году́. А моя́ сестра́ ______________ университе́т в девяно́сто тре́тьем году́.

Упражне́ние 8 — (1A9) Переведи́те.

1. **John is very interested in the Russian language and wants to study in Russia.**

____

____

2. **Mary is enthusiastic about chemistry and wants to become a chemist.**

____

____

3. **I used to be interested in music, but now I am fascinated by hockey.**

____

____

4. **She is interested in medicine and will be a nurse or a doctor.**

____

____

Упражне́ние 9 — (1Б3) Rewrite these sentences, using **друг дру́га**.

Образе́ц ▶ Оле́г и Боб ча́сто игра́ют в те́ннис вме́сте.
Оле́г и Боб ча́сто игра́ют в те́ннис **друг с дру́гом**.

1. Марк лю́бит Ри́ту, а Ри́та лю́бит Ма́рка.

2. Ми́тя хорошо́ зна́ет Зи́ну, а Зи́на зна́ет Ми́тю.

3. Вчера́ Ви́тя и я встре́тились в це́нтре.

4. Мы вме́сте разгова́ривали о футбо́ле.

Упражне́ние 10 — (1Б5) Переведи́те.

1. She is a translator who has translated some important novels from Russian into English.

2. Natasha translated the exercise into Russian and then back into English.

3. Everyone says that Natasha's translation is the best of all.

Упражне́ние 11 — (2А1) Examine this drawing, then, in the space provided, write down what you think **Илю́ша** is saying.

Илю́ша:

Упражнение 12 — (2А6) Oral exercise. Read these dialogues and tell how the people feel about the topic under discussion. Use **относиться к** in your answer. Follow the example.

Образец ▶ Нина: Я часто хожу на концерты. Мой брат играет в симфоническом оркестре, и я люблю слушать всё, что они играют.

Нина хорошо относится к симфонической музыке.

1. Маша: — Неужели ты прочитал все эти книги?

   Антон: — Конечно. Когда у меня есть свободное время, я иду в библиотеку и беру там книги. У меня такая задача: прочитать все книги русской классики.

   Маша: — Ну, тогда ты будешь читать всю жизнь.

---

2. Катя: — Ты видела Марину на концерте?

   Ира: — Нет, а что?

   Катя: — Как всегда на ней было такое платье, что все смотрели на неё. Не понимаю, как это может нравиться. По-моему, это очень неудобно, если все смотрят на тебя.

   Катя: — А мне Марина очень нравится. Она такая красивая.

   Ира: — Красивая? Ничего красивого в ней не вижу.

---

3. Роман: — Тебе нравится группа «Наутилус Помпилиус?»

   Виктор: — Ну, как сказать, по-моему, у них нет ничего нового. Слова ещё ничего, а вот музыка!

   Роман: — Почему ты так говоришь? Мне у них всё нравится: и слова, и музыка, и костюмы.

---

4. Игорь: — Я уже сижу на матче два часа и не могу понять, как они играют. Можно сказать, что они всё время стоят. Разве это интересно?

   Джесси: — Ну, чтобы понять бейсбол, надо хорошо знать эту игру. В ней много секретов. И я скажу тебе, что это очень интересная игра.

   Игорь: — Ну, не знаю, не знаю.

---

5. Наташа: — Мне очень жаль, что вы ещё не можете читать Пушкина. Я его так люблю.

   Мелисса: — Но я его читала, конечно, в переводе.

   Наташа: — Ну, в переводе это не Пушкин.

   Мелисса: — Почему ты так думаешь? Надо только взять хороший перевод.

   Наташа: — Нет, я думаю, что Пушкина нельзя хорошо перевести, потому что переводчик сам должен быть как Пушкин, а это невозможно.

Упражне́ние 13 — (2А1) Write the correct forms of **ложи́ться/лечь**.

1. Ма́ленькая сестра́ всегда́ ______________________ спать в семь часо́в ве́чера.
2. Вчера́ я ______________________ спать по́зже, чем обы́чно, и сего́дня я о́чень уста́л. Я обыкнове́нно ______________________ о́коло десяти́ часо́в.
3. Я о́чень хочу́ спать. Я сейча́с ______________________ на дива́н и посплю́.
4. Соба́ка ______________________ на зе́млю и ждала́ еду́.
5. В ста́ром Ри́ме на банке́тах ______________________, что́бы есть.

Упражне́ние 14 — (2А4) Write the correct forms of the words in parentheses and of the verbs **гото́вить/подгото́вить** or **гото́виться/ подгото́виться**.

1. Это моя́ ба́бушка ______________________ (еда́). Она́ о́чень лю́бит ______________________. Попро́буйте её борщ!
2. Мой брат до́лго ______________________ к ______________________ (экза́мен), и ему́ каза́лось, что он о́чень хорошо́ ______________________. Но он получи́л то́лько четвёрку.
3. Учи́тель хорошо́ ______________________ шко́льников к ______________________ (выступле́ние), и роди́тели бы́ли о́чень ра́ды посмотре́ть, как они́ выступа́ли.
4. На́ша кома́нда мно́го часо́в ______________________ к ______________________ (матч) и победи́ла.

Упражне́ние 15 — (2Б3) Complete these sentences according to the example. Use **ка́жется**, **ду́мать**, or **счита́ть**. Change endings as necessary.

Образе́ц ▶ Мне ка́жется, что ваш брат у́мный. А как **тебе́ ка́жется**? (ты)

1. Я счита́ю, что шко́льник до́лжен занима́ться три часа́ в день. А как ______________________? (вы)
2. По-мо́ему, э́то о́чень серьёзное де́ло, а как ______________________ ______________________? (ты)

3. Я ду́маю, что Ми́тя посту́пит в педагоги́ческий институ́т. А как ___________

___________________? (он)

4. Ва́шим роди́телям ка́жется, что ва́ши друзья́ о́чень гро́мко говоря́т. А как

___________________________? (вы)

5. Мой оте́ц счита́ет, что на́до покупа́ть то́лько больши́е маши́ны. А как

___________________________________? (твой оте́ц)

6. Мое́й ба́бушке ка́жется, что я е́зжу на маши́не о́чень бы́стро. А как

____ ? (твой де́душка)

7. Мы ду́мали, что э́то замеча́тельный фильм. А как _______________

___________________________? (роди́тели)

Упражне́ние 16 — (2Б5) Express these ideas differently. Follow the example.

Образе́ц ▶ У Марти́ны математи́ческие спосо́бности.
Зна́чит, **у неё есть спосо́бности к матема́тике**.

1. У Иры спорти́вные спосо́бности. Зна́чит, ___________________________

____.

2. У мое́й подру́ги — худо́жественные спосо́бности. Зна́чит, ___________________

____.

3. У моего́ па́пы бы́ли поэти́ческие спосо́бности. Зна́чит, ___________________

____.

4. У Ма́рка — лингвисти́ческие спосо́бности. Зна́чит,___________________

____.

5. У э́того мужчи́ны бы́ли полити́ческие спосо́бности. Он почти́ стал президе́нтом.

Зна́чит, ___________________________________

____.

6. У Ива́на — математи́ческие спосо́бности. Зна́чит, ___________________

____.

Упражне́ние 17 — (3А1) Examine this drawing, then, in the space provided, write down what you think the pilot is saying.

____

____

____

____

Упражне́ние 18 — (3А1) Continue these sentences, following the example.

Образе́ц ▶ Мой брат инжене́р. Кста́ти, **оте́ц то́же был инжене́ром.**

1. Его́ сын хо́чет быть лётчиком. Кста́ти, ____.
2. Мы вчера́ бы́ли в кино́. Кста́ти, ____.
3. Ната́ша лю́бит рок-му́зыку. Кста́ти, ____.
4. На́ша футбо́льная кома́нда о́чень хорошо́ игра́ет. Кста́ти, ____.
5. Вчера́ Ната́ша взяла́ интервью́ у Эрика Кла́птона. Кста́ти, ____.
6. Влади́мир Никола́евич лю́бит лета́ть. Кста́ти, ____.
7. Юрий Алексе́евич Гага́рин пе́рвым лета́л в Ко́смосе. Кста́ти, ____.
8. В про́шлом году́ мои́ друзья́ бы́ли в Москве́. Кста́ти, ____.
9. За́втра я должна́ брать интервью́ у иностра́нного шко́льника. Кста́ти, ____.
10. Его́ ба́бушка прекра́сно гото́вит. Кста́ти, ____.

УПРАЖНЕ́НИЕ 19 — (ЗАЗ) Complete these sentences, using the correct forms of **лета́ть** or **лете́ть**.

1. — Ива́н Дени́сович! Давно́ вас не ви́жу. Почему́ вы здесь, в аэропорту́?

   — Анна Дми́триевна, дорога́я! Рад вас ви́деть. Я ________________ в Нью-Йорк.

   — А я ________________ туда́ два го́да наза́д. Мне там о́чень понра́вилось. У меня́ тётя живёт там. Мы с му́жем нере́дко ________________ туда́.

2. — Уважа́емые пассажи́ры! Про́сьба верну́ться на свои́ места́! Мы сейча́с ________________ че́рез ту́чу.

   — Я не люблю́ ________________.

3. За́втра мы ________________ в Чика́го. Мы ________________ на но́вом самолёте америка́нской фи́рмы. Нам бу́дет о́чень интере́сно.

4. Мой дя́дя был лётчиком два́дцать лет. Он ________________ в Пари́ж, в Рим, в Берли́н, во мно́гие интере́сные города́. Он сейча́с на пе́нсии и бо́льше не ________________. Он ча́сто расска́зывает, что одна́жды в его́ самолёте ________________ сам Ма́ршал Жу́ков. Жу́ков тогда́ ________________ на собра́ние и сказа́л, что дя́дя прекра́сный лётчик.

5. Когда́ я была́ де́вочкой, я хоте́ла ________________, как пти́ца. И я стала́ стюарде́ссой.

6. Кто э́то ________________ над на́ми? Это пти́ца?

УПРАЖНЕ́НИЕ 20 — (ЗАЗ) Translate.

"Peter, has it been a long time since you arrived (by flying) in Moscow?"
"No, my friends and I arrived recently. We rode for three hours on the bus to New York and then flew eleven hours to Moscow on a Delta airplane."
"Was flying comfortable?"
"Yes. My seat was by the window. As we were flying I looked out the window the whole time."
"Were the weather conditions good? There wasn't any fog, was there?
"No, there wasn't any fog. There was sun."

____

____

____

____

____

____

____

Упражне́ние 21 — (3A5) Complete these sentences by translating the English. Begin with **что́бы**.

1. Алла Константи́новна хоте́ла, ______________________________
   ______________________________. (that her son study more)
2. Друзья́ поэ́та хотя́т, ______________________________
   ______________________________.(that he read his new poems)
3. Илюша хо́чет, ______________________________
   ______________________________. (that his friend go with him)
4. Моя́ семья́ хоте́ла, ______________________________
   ______________________________. (that I write them frequently from Moscow)
5. Кто сказа́л, ______________________________
   ______________________________? (that they read that new book)
6. Ната́ша попроси́ла, ______________________________
   ______________________________. (that her friends come to her birthday party)

Упражне́ние 22 — (3A6) Rewrite these sentences according to the example.

Образе́ц ▶ Ната́ша проси́ла Воло́дю сде́лать э́то упражне́ние.
Ната́ша хо́чет, что́бы Воло́дя сде́лал э́то упражне́ние.

1. Медсестра́ попроси́ла подру́гу познако́мить её с америка́нцем.
   ____
2. Мы попроси́ли учи́теля не задава́ть дома́шнюю рабо́ту.
   ____
3. Во́ва про́сит нас прийти́ к нему́ в го́сти ве́чером.
   ____
4. Роди́тели про́сят нас звони́ть им поча́ще.
   ____
5. Учи́тельница попроси́ла нас сиде́ть ти́ше.
   ____
6. Дире́ктор шко́лы про́сит нас не опа́здывать.
   ____
7. Я попроси́л ребя́т пое́хать со мной в магази́н.
   ____

Упражнéние 23 — (3А5) Rewrite these sentences according to the example.

Образéц ▶ Я хочý пойтú в кинó, а он ещё дýмает.
Я хочý, **чтóбы он пошёл в кинó**.

1. Он хóчет учúться в педагогúческом институ́те, а я покá не знáю.

2. Мы хотéли игрáть в кáрты, а Марúя хотéла читáть.

3. Мáма хотéла рабóтать за гранúцей, а пáпа покá не хóчет.

4. Я хочý поблагодарúть учúтеля, а друг не хóчет.

5. Марúна хóчет погулять в пáрке, а я не хочý.

Упражнéние 24 — (3А5) Express the following wishes:

1. I want our teacher to smile more often.

2. Anna wants to read and speak Russian better.

3. My parents want to fly to Petersburg soon.

4. Masha and Sveta wanted to enroll in an American university.

5. Volodya wants every Monday to be a holiday.

6. Jerry wants winter to come soon. He has new skates.

Упражне́ние 25 — (3Б3) Complete these sentences. Write the years in words.

Образе́ц ▶ Пе́рвый иску́сственный спу́тник земли́ полете́л в ко́смос в **ты́сяча девятьсо́т пятьдеся́т седьмо́м** году́. (1957)

1. Аля́ска и Гава́и ста́ли шта́тами США в ____________________ ____________________ году́. (1959)
2. Нача́ло Пе́рвой Мирово́й войны́ бы́ло в ____________________ ____________________ году́. (1914)
3. Царь Пётр Пе́рвый у́мер в ____________________ ____________________ году́. (1725)
4. Мой де́душка роди́лся в ____________________ ____________________ году́.
5. Я роди́лся/родила́сь в ____________________ ____________________ году́.
6. Я на́чал ходи́ть в э́ту шко́лу в ____________________ ____________________ году.
7. Я начну́ (начала) учи́ться в университе́те в ____________________ ____________________ году.
8. Я начну́ (начала) зараба́тывать де́ньги в ____________________ ____________________ году́.

Упражне́ние 26 — (3Г1) Напиши́те пра́вильную фо́рму глаго́лов: **ви́деть**, **сиде́ть** и́ли **лете́ть**.

1. Моя́ ба́бушка лю́бит чита́ть. Она́ ____________________ и чита́ет це́лыми часа́ми ка́ждый день.
2. — Эллен, где твоё ме́сто?

   — Я ____________________ вон там, у окна́.
3. Дже́рри, я ____________________ в анке́те, что у тебя́ одна́ сестра́, пра́вда?
4. Вот мы и на стадио́не. Где ____________________ на́ши ребя́та?
5. — Здра́вствуйте, Ива́н Никола́евич! Куда́ вы сего́дня ____________________, на Ку́бу?

6. На́ши ребя́та ________________________ в пе́рвом ряду́ балко́на.

7. Сейча́с они́ лу́чше ________________________________. Ра́ньше бы́ло о́чень темно́.

8. Я о́чень люблю́ лета́ть. Сейча́с я ______________________ в Новосиби́рск.

9. Мэ́ри, ты ________________________ о́чень ти́хо. Что с тобо́й?

10. Э́то ме́сто свобо́дно? Кто-нибу́дь здесь ______________________________?

11. Де́душка, где твой очки́? Ты меня́ хорошо́ _________________________?

Упражне́ние 27 — (2А, 2Б, 2В) Write sentences using a word from both columns.

карма́нные	вес
носи́ть	на конька́х
приня́ть	экза́мен
сдава́ть	вопро́с
ли́шний	оде́жду
зада́ть	душ
ката́ться	с анке́той
ложи́ться	де́ньги
нача́ть	заря́дку
де́лать	спать

Образе́ц ▶ Э́тот ма́льчик получа́ет **карма́нные де́ньги** от ма́мы.

1. ____

2. ____

3. ____

4. ____

5. ____

6. ____

7. ____

8. ____

9. ____

10. ____

Упражне́ние 28 — (1, 2, 3) Кроссво́рд.

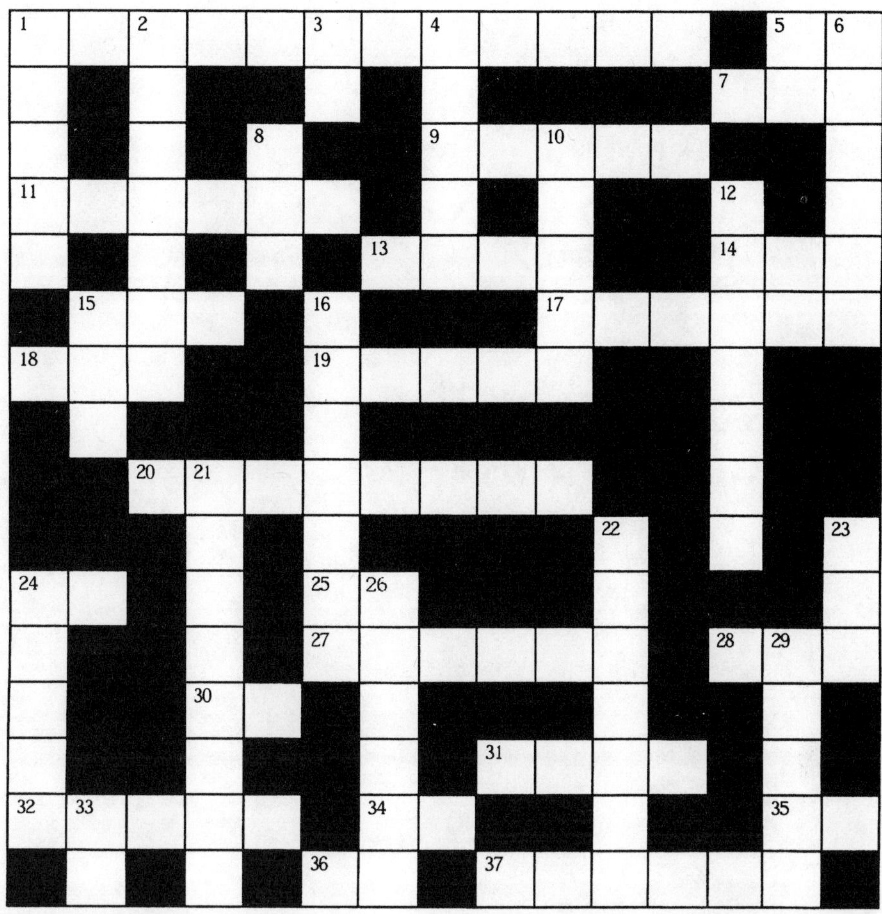

По горизонта́ли

1. Нау́ка, кото́рая изуча́ет Ко́смос.
5. Мой брат рабо́тает ... по́чте.
7. Это мой дом ... там, пря́мо.
9. Моё ... — собира́ть ма́рки.
11. Челове́к, кото́рый лета́ет на самолёте.
13. Оди́н ма́льчик, ... де́вушка, одно́ пальто́.
14. Где мой уче́бник? ... он.
15. ... — э́то когда́ нет войны́.
17. Здесь о́чень прия́тно. Красота́, ..., поко́й.
18. Вот наш ... На́ша кварти́ра на четвёртом этаже́.
19. Я до́лжен ... интервью́ у на́шего учи́теля.
20. Я очень люблю́ матема́тику, ... геоме́трию.
24. Я е́ду в центр. Хо́чешь пое́хать ... мной?
25. ..., я о́чень люблю́ исто́рию. Почему́ ты спра́шиваешь?
27. Вот ... Напиши́те и́мя, фами́лию, о́тчество и отвеча́йте на все вопро́сы.
28. У челове́ка нос, рот, глаза́, и ...
30. Тот, ..., то, те.
31. Я обыкнове́нно ложу́сь спать в оди́ннадцать, а сего́дня я о́чень уста́л. Я сего́дня ля́гу ..., в де́сять.
32. Часть самолёта, кото́рая да́льше от лётчика.
34. Э́та де́вушка не о́чень до́брая, но ... де́вушки о́чень до́брые и краси́вые.
35. Сего́дня у меня́ бу́дет ве́чер. Приходи́ ... мне в семь часо́в.
35. Ле́том они́ бы́ли ... о́строве Гава́и.
36. Не́ ... что! Пустяки́!
37. Её ... всегда́ о́чень краси́вая. Она́ одева́ется о́чень хорошо́.

По вертика́ли

1. У самолёта есть два ...
2. Мы ... телеви́зор то́лько час в день.
3. Мы идём ... конце́рт рок-н-рол.
4. Это вход, а где ...?
5. Она́ его́ о́чень лю́бит, ... он да́же не смо́трит на неё.
6. Смотри́ но́мер 27 по горизонта́ли и́ли 26 по вертика́ли.
8. Смотри́ но́мер 15 по горизонта́ли.
10. Ната́ша лю́бит ... интервью́ у дете́й.
12. Его́ оте́ц рабо́тает в ... Он рабо́тает лётчиком уже́ мно́го лет.
15. — Это ва́ша сестра́? — Нет, э́то не ... сестра́. Это моя́ тётя.
16. — э́то когда́ вы мо́жете са́ми выбира́ть.
21. Все должны́ ..., а то́лько пото́м мы начнём наш уро́к, ребя́та.
22. Я ду́маю, что ... в жи́зни ка́ждого челове́ка — жить че́стно.
23. Он, она́, оно́, ...
24. Лётчик чу́вствует ..., когда́ он лета́ет че́рез тума́н и́ли в грозу́.
26. Посмотри́те 27 по горизонта́ли.
29. Эта ... не о́чень смешна́я. Она́ плоха́я.
33. С - со, к - ко, в - ...

Упражне́ние 1 — (A3) Write in the correct form of **до́лжен** (**должна́**, **должно́**, **должны́**).

Образе́ц ▶ Учи́тель сказа́л, что мы **должны́** занима́ться бо́льше.
Должно́ быть, что он не понима́ет. Вот почему́ он не отвеча́ет.

1. На рабо́те Ольга Толмачёва ______________________ принима́ть посети́телей, отвеча́ть на телефо́нные звонки́, и так да́лее.
2. Ребя́та, кто из вас ________________________ пойти́ домо́й сра́зу по́сле шко́лы сего́дня?
3. Илья́, ты ______________________ за́втра рабо́тать?
4. Секрета́рь-рефере́нт ___________________________ быть обяза́тельным челове́ком.
5. ___________________ быть, что Во́ва забы́л гото́вить уро́ки.
6. Мы _______________________________ позвони́ть Ната́ше сего́дня. На́до ей сказа́ть, что мы не смо́жем прие́хать в го́сти.

Упражне́ние 2 — (A3) Rewrite these sentences in the past and future tenses. Follow the example.

Образе́ц ▶ Что ты до́лжен сде́лать, Ми́ша?
Что ты до́лжен **был** сде́лать, Ми́ша? (проше́дшее вре́мя)
Что ты до́лжен **бу́дешь** сде́лать, Ми́ша? (бу́душее вре́мя)

1. Ольга, кому́ вы должны́ писа́ть пи́сьма?

____(проше́дшее вре́мя)

____(бу́душее вре́мя)

2. Это письмо́ должно́ прийти́ в пя́тницу.

____(проше́дшее вре́мя)

____(бу́душее вре́мя)

3. Никола́й до́лжен посла́ть факс в Аме́рику.

____(проше́дшее вре́мя)

____(бу́душее вре́мя)

Упражне́ние 3 — (А5) Oral Exercise. Use a suitable delaying phrase at the beginning of each response. Use either the standard formula response, or repeat the significant part of the.question. Follow the example, and vary your responses.

Образе́ц ▶ — Вы рабо́тали перево́дчиком?
— Как вам сказа́ть? Да, в Индии я рабо́тала перево́дчиком.

или

— Я рабо́тала перево́дчиком? Да, в Индии я рабо́тала перево́дчиком.

1. — А в бу́дущем вы хоти́те быть преподава́телем?

— .... Я люблю́ администрати́вную рабо́ту.

2. — Вы жале́ете, что рабо́тали в Индии?

— .... Там бы́ло о́чень интере́сно.

3. — Никола́й Ива́нович рабо́тает в фи́рме, да?

— .... Он мно́го лет рабо́тает преподава́телем в шко́ле.

4. — Ни́на уме́ет печа́тать то́лько на маши́нке?

— .... Она́ и на компью́тере и на маши́нке рабо́тает.

5. — В свобо́дное вре́мя ты шьёшь, пра́вда?

— .... Шить не уме́ю, но я вя́жу с удово́льствием.

6. — У вас не о́чень интере́сная рабо́та, да?

— .... Я люблю́ свою́ рабо́ту. Мне о́чень интере́сно.

7. — А ваш муж гото́вит до́ма?

— .... У нас гото́вит тот, кто прихо́дит пе́рвый.

Упражне́ние 4 — (A5) Oral Exercise. Begin with the word **Почему́** and, following the example, tell how Olga would correct these mistaken impressions.

Образе́ц ▶ — Ольга, вы не ко́нчили педагоги́ческий институ́т, пра́вда?
— Почему́ не ко́нчила? Я ко́нчила его́ де́сять лет наза́д.

1. — А вы не отвеча́ете на телефо́нные звонки́, е́сли я пра́вильно по́нял.
— ....

2. — У вас в о́фисе не сло́жно с оргте́хникой, наде́юсь.
— ....

3. — Вы не жале́ете, что рабо́таете в о́фисе, а не преподаёте?
— ....

4. — Вы о́чень за́няты. Наве́рное, вы не нахо́дите вре́мя для спо́рта.
— ....

5. — Вы не уме́ете вяза́ть, как я по́нял.
— ...

4 — А у вас до́ма нет живо́тных?
— ....

7. — Вы живёте одна́?
— ....

8. — У вас в э́том го́роде нет бли́зких друзе́й?
— ....

Упражне́ние 5 — (A7) Complete these sentences by translating the ideas given in English. Remember that **рабо́тать** does not mean only "to work."

1. Моя́ сестра́, Джейн, прекра́сно ______________________________.
(operates a computer)

2. В на́шей шко́ле все ребя́та уме́ют ______________________________.
(to type)

3. Хоро́ший секрета́рь до́лжен ______________________________.
(use a photocopier)

4. Я не ______________________________, а ты?
(operate a facsimile machine)

5. Секрета́рь ча́сто ______________________________.
(works on the telephone)

Упражнéние 6 — (A7) Oral Exercise. Examine these illustrations, then answer the questions that follow.

1. Чегó нет в пéрвом óфисе, но есть во вторóм?
2. Чегó нет во вторóм, но есть в трéтьем?
3. Что мóжно дéлать на э́той оргтéхнике?

Упражнéние 7 — (A10) Complete the following statements about working with computers. There is one extra answer.

1. Когдá хоти́те начáть свою́ рабóту, ...
2. Когдá кóнчили свою́ рабóту и не хоти́те потеря́ть файл, ...
3. Когдá хоти́те смотрéть ваш текст на бумáге, ...
4. Когдá хоти́те написáть текст, ...
5. Когдá хоти́те читáть стáрый текст, котóрый у вас на дискéте, ...

____ —нáдо включи́ть компью́тер.

____ —нáдо включи́ть при́нтер.

____—надо выключить компьютер.

____ —нáдо печáтать с пóмощью клавиатýры.

____ —нáдо записáть текст на дискéту.

____ —нáдо встáвить дискéту в дисковóд.

Упражне́ние 8 — (Б3) Впиши́те глаго́л **уме́ть** в пра́вильной фо́рме. Пото́м переведи́те предложе́ния.

Образе́ц ▶ В э́то вре́мя лю́ди **уме́ли** стро́ить хорошо́.
At that time, people knew how to build well.

1. Моя́ ма́ма хорошо́ вя́жет, и я то́же ______________________ вяза́ть.

____

2. Джон хорошо́ ______________________ пла́вать, но ему́ нельзя́. ______________________

____

3. Моя́ ма́ленькая сестра́ не ______________________ чита́ть по-ру́сски. Она́ зна́ет не́которые бу́квы, но не зна́ет слова́.

____

____

4. Джэ́клин, ты ______________________ шить?

____

5. Ребя́та, вы ______________________ игра́ть в футбо́л? Дава́йте игра́ть!

____

6. Когда́ мы бы́ли ма́ленькими, мы не ______________________ чита́ть и писа́ть.

____

7. Кто здесь ______________________ танцева́ть ру́мбу? Научи́ меня́ танцева́ть!

____

8. Если хоти́те рабо́тать в э́той фи́рме, на́до ______________________ рабо́тать на компью́тере.

____

Упражне́ние 9 — (Б6) Write in the correct form of **уме́ть**, **знать**, or **мочь**.

1. Я хорошо́ ______________________ э́тот уро́к. Я мно́го часо́в учи́л его́.

2. Ба́бушка научи́ла меня́ вяза́ть. Я ______________________ вяза́ть и сви́теры, и носки́, и ша́рфы.

3. Мой брат отли́чно ______________________ говори́ть по-ру́сски, но пло́хо пи́шет.

4. Ира, э́то ты! Я тебя́ не ____________ в тако́й оде́жде и тёмных очка́х.

5. Пе́тя о́чень си́льный ма́льчик. Он ____________ пла́вать весь день без о́тдыха.

6. Мой па́па прекра́сно ____________ игра́ть в ша́хматы. Он ма́стер спо́рта.

7. Мы не ____________, где живёт наш учи́тель фи́зики.

8. Я сего́дня не ____________ пла́вать. Я до́лжен рабо́тать.

9. Илья́ прекра́сно ____________ игра́ть на пиани́но.

10. Сейча́с хо́лодно и мы не ____________ пла́вать в о́зере.

11. Ольга, вы не ____________, как зову́т э́ту же́ншину?

12. Ра́ньше я совсе́м не ____________ э́ту де́вушку, а тепе́рь я её люблю́.

Упражне́ние 10 — (Б10) Fill in the blanks with the correct form of the expression **выходи́ть/вы́йти за́муж за ....** or **жени́ться на ....** or **пожени́ться**.

1. Мой брат ____________ Мари́не год наза́д.

2. Мои́ роди́тели ____________ в 1975ом году́.

3. Я так волну́юсь. Моя́ сестра́ ____________

   Никола́я Безу́хова в суббо́ту.

4. Ма́ма рассказа́ла, что у па́пы бы́ли дли́нные во́лосы,

   когда́ они́ ____________.

5. Мой дя́дя ____________

   одно́й же́нщине три ра́за.

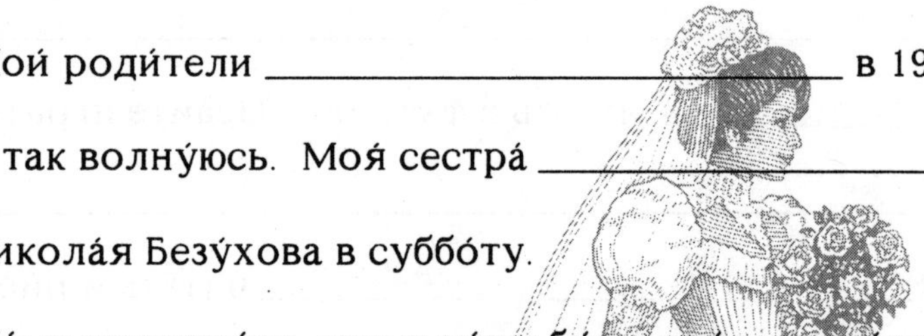

6. Мой ма́ленький брат хо́чет ____________ его́

   учи́тельнице.

7. В газе́тах писа́ли, что де́вушки ____________ моло́же,

   чем ю́ноши ____________.

8. Мой друг Элмер хо́чет ____________ о́чень бога́той и

   краси́вой де́вушке.

Упражне́ние 11 — (Б10) Finish these statements involving marriage using logical completions.

1. В пя́тницу лётчик же́нится на ________________________________.

2. Мари́я Ла́зарева вы́шла за́муж за ________________________________.

3. На како́й де́вушке вы хоти́те ________________________________?

4. За кого́ твоя́ сестра́ ________________________________?

5. В како́м году́ ва́ша ма́ма и па́па ________________________________?

6. Наш секрета́рь ско́ро ________________________________.

7. Са́ша Ники́тин хо́чет жени́ться на ________________________________.

Упражне́ние 12 — (Б11, Б12) Translate five of these proverbs (folk sayings). Note how the pronoun **тот** is used.

1. Кто ра́но встаёт, тому́ Бог даёт.

____

2. Плохо́й тот солда́т, кото́рый не хо́чет быть генера́лом.

____

3. У кого́ что боли́т, тот о том и говори́т.

____

4. Кто смел, тот и съел.

____

5. Не ошиба́ется тот, кто ничего́ не де́лает.

____

6. Кто не рабо́тает, тот не ест.

____

7. Не откла́дывай на за́втра то, что мо́жно сде́лать сего́дня.

____

8. Что бы́ло, то прошло́.

____

9. Чем бога́ты, тем и ра́ды.

____

Упражне́ние 13 — (Б13) Choose the correct word from the list and write it in below: **извини́те, мо́жно, оши́блись, переда́ть, попа́л, попа́ли, про́сит**. Some words may be used more than once.

1. — Алло́. ______________________ Ка́тю к телефо́ну?

   — Её нет до́ма. Кто её ______________________?

   — Са́ша.

   — Что ей ______________________?

   — Переда́й, пожа́луйста, что я позвоню́ пото́м.

2. — Здра́вствуй, э́то ты, Ма́ша?

   — Нет, вы не туда́ ______________________

   — Э́то 261-34-42?

   — Нет, вы ______________________

   — Извини́те.

3. — Алло́, э́то магази́н «Сде́лай сам»?

   — Нет, вы ______________________ Э́то рестора́н «Садко́».

   — ______________________, я не туда́ ______________________

Упражне́ние 14 — (Б14) Compose the telephone conversations suggested by the instructions.

1. Ты до́ма оди́н. Твой па́па звони́т и хо́чет поговори́ть с твое́й ма́мой.

   ____

   ____

   ____

   ____

2. Ты звони́шь дру́гу Ми́ше. Отвеча́ет его́ ма́ма. Ми́ша у́чит англи́йский.

   ____

   ____

   ____

   ____

3. Вам звони́т друг из Москвы́. Он спра́шивает, когда́ вы бу́дете там. Вы говори́те, что пое́дете туда́ че́рез неде́лю. Он о́чень рад и про́сит вас купи́ть ему́ но́вую пласти́нку гру́ппы, кото́рая ему́ нра́вится.

____

____

____

____

4. Звони́т телефо́н. Вы отвеча́ете на звоно́к. Де́вушка спра́шивает, что вы де́лаете. Вы отвеча́ете. Вдруг она́ понима́ет, что оши́блась. Она́ извиня́ется.

____

____

____

____

Упражне́ние 15 — (Б16) Напиши́те глаго́л **звони́ть/позвони́ть** в пра́вильной фо́рме.

1. За́втра я тебе́ ______________________ и скажу́, когда́ матч.
2. Моя́ ба́бушка о́чень ста́рая, и я её о́чень люблю́. Я __________________ ей ка́ждый день.
3. Ма́ма, когда́ тебя́ не́ было, па́па ____________________ тебе́ с рабо́ты.
4. Когда́ вы прие́дете домо́й, ______________________ нам, а то мы бу́дем волнова́ться.
5. Ка́тя, твой Ва́ня _______________ не́сколько раз, когда́ ты была́ в кино́.
6. Па́па, дире́ктор шко́лы ____________________ тебе́ сего́дня днём. Она́ хо́чет поговори́ть с тобо́й.
7. Илю́ши нет до́ма, _____________________ ему́ попо́зже.
8. Ива́на Никола́евича нет. Кто ему́ ________________?
9. Когда́ я была́ в больни́це, моя́ подру́га __________________ мне ка́ждый день.
10. Мы — хоро́шие друзья́. Мы лю́бим разгова́ривать и ча́сто __________ друг дру́гу по телефо́ну.
11. Ма́ша, где ты была́? Я тебе́ _______________, а тебя́ не́ было.

Упражне́ние 16 — Review. Write the correct forms of the verbs:

начина́ть/нача́ть

1. Я всегда́ ______________________ де́лать дома́шнюю рабо́ту по́сле у́жина.
2. Сего́дня па́па ______________________ рабо́тать в семь часо́в.
3. У нас де́ти ______________________ ходи́ть в шко́лу в шесть лет.
4. Мой де́душка ______________________ рабо́тать, когда́ ему́ бы́ло 14 лет.
5. Ма́ша, ты уже́ ______________________ гото́вить уро́ки? Молоде́ц!

конча́ть/ко́нчить

6. На́ша кома́нда обы́чно ______________________ тренирова́ться в 5.30.
7. Ты ещё не ______________________ писа́ть письмо́? Ты пи́шешь уже́ два часа́.
8. Я ______________________ учи́ться в университе́те че́рез пять лет.
9. Ско́ро ребя́та ______________________ учи́ться и мы пое́дем домо́й.
10. Вот я ______________________ рисова́ть тебя́! Ну, как? Похо́жа?

Упражне́ние 17 — (Г2) Переведи́те с англи́йского на ру́сский язы́к.

1. My grandfather began to earn money when he was eight.

____

2. During my vacation I earned $1,700 (one thousand seven hundred dollars).

____

3. When I was typing this text, I listened to folk music.

____

4. She typed the test, and then began typing a letter.

____

5. Papa finished preparing breakfast and called us to the table.

____

6. Your grandmother cooks (prepares) very well. Everything is delicious.

____

7. My friend Igor always studies three hours in the evening.

____

8. Jessica learned all the words of the lesson after the film.

____

9. He began writing poetry when he was thirteen.

____

10. When I arrived, Alexy had already written his homework.

____

Упражнéние 18 Напиши́те словá, котóрые говоря́т о человéке.

1. Человéк, котóрый помогáет другóму в рабóте.
2. Человéк, котóрый отвечáет за всё и́ли в óфисе и́ли дóма.
3. Человéк, котóрый прихóдит в гóсти.
4. Ребёнок так зовёт свою́ мать.
5. Человéк, с котóрым други́е рабóтают.

1

2

3

4

5

Упражне́ние 19. Напиши́те слова́, кото́рые говоря́т о те́хнике в о́фисе.

По горизонта́ли

2. Часть компью́тера, кото́рая пока́зывает информа́цию.
4. Часть диспле́я компью́тера.
6. Аппарату́ра, кото́рая посыла́ет и принима́ет докуме́нты по телефо́ну.
7. Аппарату́ра, на кото́рой печа́тают.
9. Часть компью́тера, на кото́рой печа́тают кома́нды компью́теру.
10. Аппарату́ра, кото́рая печа́тает текст с компью́тера.

По вертика́ли

1. Аппарату́ра, кото́рая де́лает ко́пии.
3. Вся аппарату́ра о́фиса.
5. Ма́ленькая «пласти́нка», на кото́рой нахо́дятся фа́йлы.
7. Часть компью́тера, кото́рая похо́жа на ма́ленького зве́ря.
8. По-англи́йски э́то зна́чит «memory».

Упражне́ние 20 Complete this crossword puzzle.

1 2 3 4 5 6 7 8 9 10 11 12 13 14 15 16 17 18 19 20 21 22 23 24 25

По горизонта́ли

1. Мой брат до́лжен ... свою́ рабо́ту сего́дня.
7. Хо́чешь приходи́ть ... мне сего́дня ве́чером? Попьём чай.
8. Утренняя заря́дка даёт челове́ку ... бо́дрости.
9. ... — э́то ма́ленькое живо́тное и́ли часть компью́тера.
10. Я то́лько неда́вно на́чал чита́ть ... «До́ктор Жива́го».
11. За́втра па́па ... пое́хать на рабо́ту в шесть утра́.
13. Чьё э́то письмо́? ... бы́ло на моём столе́.
15. Кто пе́рвый прихо́дит домо́й, ... и гото́вит у́жин.
16. Зна́ешь что? Приходи́ ... мне сего́дня и мы сде́лаем э́ту рабо́ту вме́сте.
17. Это твоя́ ма́ма и́ли твоя́ сестра́? Кака́я ...краса́вица!
19. Вы хоти́те хорошо́ зараба́тывать? Вам ... де́лать всю свою́ рабо́ту компете́нтно.
21. Ольга не уме́ет ... Она́ вя́жет с удово́льствием.
22. Ма́мочка, смотри́. Это телегра́мма ... дя́ди Ва́ни!
23. Ко́фе я не люблю́, но я ... чай с удово́льствием.
24. Сего́дня Ната́ша берёт интервью́ у секретаря́-рефере́нта. Она́ и сейча́с разгова́ривает ... Ольгой Толмачёвой.
25. Ольга говори́т, что с оргте́хникой о́чень ....

По вертика́ли

2. Её гла́вная ... — отвеча́ть на телефо́нные звонки́.
3. Секрета́рь-рефере́нт — до́лжен быть .... челове́ком.
4. Мой брат и сестра́ всегда́ разгова́ривают ... телефо́ну с друзья́ми.
5. Моя́ ба́бушка лю́бит ... ко́фе, а я пью то́лько чай.
6. Что вам сказа́ть? ..., я люблю́ свою́ рабо́ту.
7. Секрета́рь-рефере́нт до́лжен отвеча́ть терпели́во и ... .
8. Ольга говори́т, что ... даёт заря́д бо́дрости.
12. Я уме́ю рабо́тать на компью́тере, ... я не понима́ю, как они́ рабо́тают.
14. Кто твой брат? ... здесь на вечери́нке?
18. Где же моя́ ру́чка? ... она́.
20. Вам на́до гости́ница «Центра́льная»? Иди́те пря́мо ... Тверско́й и поверни́те напра́во.

6 Шестой урок

«Есть жéнщины в рýсских селéньях...»

Упражнéние 1 — (А1) Complete this crossword, naming animals found on a farm.

П						Н	О	К					
Т				Н	О	К							
				К				Ц					
				О				А			Г		
		б				Н				Г			
				О		О							
						К							
	К			А							Н		
					К					Н	О	К	
											К		
					С			Н					
								О					
								К					

Упражнение 2 — (A1) Fill in the blanks with the names of the animals under discussion.

Какóе э́то живóтное?

1. Если у вас есть ____________________, у вас есть и я́йца.
2. ____________________ Анны Афана́сьевны даёт вку́сное молокó.
3. Из ше́рсти ____________________ мóжно связа́ть мнóго веще́й.
4. Она́ — корóва, а он — ____________________.
5. ____________________ и ____________________ пла́вают в ре́ках и озёрах.
6. Ка́ждое у́тро ____________________ поёт своё «кукаре́ку».
7. ____________________ вóзит люде́й.

Упражнение 3 — (A1) Fill in the vegetables described.

1. Этот óвощ похóж на кра́сное я́блоко .... ____________________
2. Это дли́нный и ора́нжевый óвощ .... ____________________
3. Когда́ америка́нцы пра́зднуют Хэллоуи́н, в их дома́х обы́чно есть .... ____________________
4. Это дли́нный и зелёный óвощ .... ____________________
5. Чтóбы борщ был кра́сным, на́до положи́ть .... ____________________
6. Этот óвощ быва́ет и кра́сный, и бе́лый .... ____________________

Упражнение 4 — (A1) **Oral Exercise.** Examine this illustration, then answer the questions that follow.

1. Кто помога́ет в хозя́йстве? 2. Кто не помога́ет?

Упражне́ние 5 — (A1) Fill in the missing words, according to the meanings.

Жизнь крестья́н, фе́рмеров во всех стра́нах нелёгкая, но интере́сная. Весно́й на́до _______________ (plant) о́вощи — помидо́ры, огурцы́, свёклу — и _______________ (cultivate) их. Ле́том и о́сенью на́до _______________ (gather) их. Пото́м лю́ди едя́т их, и́ли гото́вят к зиме́ и́ли _______________ (sell) их. Ну́жно рабо́тать и когда́ пого́да _______________ (good) и когда́ она́ _______________ (bad). Если в хозя́йстве есть _______________ (cow), на́до _______________ (milk) её ка́ждое у́тро.

Зимо́й, коне́чно, ме́ньше рабо́ты. Тогда́ мо́жно немно́жко отдыха́ть. Но и зимо́й есть рабо́та. Вы спра́шиваете — кака́я рабо́та? Мо́жно _______________ (spin/knit) _______________ (mittens and gloves) _______________ (from wool). Фе́рмеры, у кото́рых есть _______________ (tractors and other machines) занима́ются и́ми, что́бы маши́ны хорошо́ рабо́тали весно́й.

Упражне́ние 6 — (A1) Imagine that **Ната́ша** is interviewing an American farmer, **Ми́стер Уи́лсон**. How does he respond to her questions? Complete the dialogue.

Ната́ша: Ми́стер Уи́лсон, хозя́йство у вас большо́е, да?

Ми́стер Уи́лсон: _______________

____

Ната́ша: А вы продаёте урожа́й?

Ми́стер Уи́лсон: _______________

____

Ната́ша: А где вы продаёте урожа́й — здесь, в дере́вне?

Ми́стер Уи́лсон: _______________

____

Ната́ша: Молодёжь хо́чет рабо́тать на фе́рме? А ва́ши де́ти? Почему́?

Ми́стер Уи́лсон: _______________

____

Ната́ша: А вы в го́род не хоти́те?

Ми́стер Уи́лсон: ______________________________

____

Упражне́ние 7 — (А1, Б1) **The interview at the beginning of Lesson 6 contains many sentences which have an important, missing element—one which is easily inferred. Decide what word is missing in each of these excerpts from the interview, and write it in the space provided. You may choose from these possible answers: таку́ю, я́йца, живо́тных, е́хать, её, проду́кты, ко́фта, пое́хать, жить, де́лаю.**

Образе́ц ▶ — Ма́ма, а индю́к како́й **краси́вый (хоро́ший)**!

1. — Хозя́йство большо́е: коро́ва, о́вцы, порося́та, индю́к, ку́ры. Я и сёстрам свои́м дала́ ______________________: одно́й дала́ ове́ц, друго́й пятьдеся́т кур — пусть то́же выра́щивают ______________________, пусть бу́дет хозя́йство у них.

2. — Кака́я же я фе́рмерша? У фе́рмеров маши́ны, трактора́, а я всё ______________________ сама́, свои́ми рука́ми. Я крестья́нка.

3. — Да, в на́шей дере́вне и ря́дом ле́том живёт мно́го люде́й из Москвы́. Они́ покупа́ют молоко́, смета́ну, я́йца. Иногда́ в го́роде продаём ______________________ — у сосе́да есть маши́на, е́дем в го́род вме́сте.

4. — Осе́нью ху́же, коне́чно, но авто́бус идёт ря́дом с до́мом. Е́сли на́до ______________________ в го́род, мы е́дем на авто́бусе.

5. — А вы в го́род не хоти́те ______________________?

6. — Я всю жизнь в дере́вне живу́ и рабо́таю. Лес, по́ле — ря́дом. А в го́роде мне не нра́вится ______________________: люде́й мно́го, маши́н мно́го.

7. — А́нна Афана́сьевна, а э́то что у вас?

— Не ви́дел ______________________ никогда́?

— И я не ви́дела ______________________. Что э́то?

— Пря́лка. 30 лет наза́д купи́ла ______________________, 45 рубле́й сто́ила.

— Шерсть са́ми де́лаете, да? Из ове́ц?

— Да. Вот ко́фта на мне — из ове́чьей ше́рсти. А вот друга́я ______________________, то́же из ове́чьей ше́рсти.

Упражне́ние 8 — (Б5) Write down what comprises each product. Follow the example.

Образе́ц ▶ (сыр/молоко́) Сыр де́лают из молока́.

1. (майоне́з/я́йца, лимо́н, ма́сло)

 ____.

2. (хлеб/мука́, молоко́, яйцо́, соль, дро́жжи)

 ____.

3. (лимона́д/вода́, лимо́ны, са́хар)

 ____.

4. (бутербро́д/майоне́з, мя́со, помидо́р, сала́т)

 ____.

5. (омле́т/я́йца, молоко́, сыр)

 ____.

Упражне́ние 9 — (Г1) Write in the correct form of each cued verb.

встава́ть

1. Во вре́мя уче́бного го́да мы ____________________ в шесть часо́в.
2. Ма́ма говори́т, что ба́бушка всегда́ ____________________ ра́но.

продава́ть

3. Скажи́те, где ____________________ таки́е ве́ши?
4. Когда́ Анто́н был ма́леньким, он ____________________ газе́ты.

узнава́ть

5. Мне нра́вится э́тот уче́бник. Ка́ждый день я ____________________ но́вое.
6. Мы ____________________ после́дние но́вости, когда́ смо́трим телеви́зор.

научи́ть

7. Когда́ я ко́нчу чита́ть, я ____________________ тебя́ игра́ть в э́ту игру́.
8. Ма́ша, кто тебя́ ____________________ танцева́ть?

посади́ть

9. Весно́й па́па ____________________ о́вощи и ско́ро бу́дет урожа́й.
10. В бу́дущем году́ я ____________________ здесь огурцы́.

выра́щивать

11. Анна Афана́сьевна ____________________ и овоще́й и живо́тных.
12. В э́том году́ вы ____________________ о́чень вку́сные помидо́ры.

Упражнéние 10 — (Г1) Write in the correct form of: **давáть, продавáть, узнавáть, вставáть, убирáть, вырáщивать, сажáть, погибáть, научи́ть, посади́ть.**

1. Ой, как бы я хотéла, чтóбы Джи́мми Кáнорс ________________ меня игрáть в тéннис.
2. Если крестья́не не ______________________ урожáй, он ______________________.
3. — У когó ты покупáешь молокó в дерéвне?

   — У сосéдки. Онá ______________________ и молокó, и мáсло, и сметáну.
4. — Когдá мóжно веснóй ______________________ помидóры?

   — В мáе. Потóм нýжно всё лéто ______________________ их.
5. — Нáши сосéди рáно встаю́т кáждое ýтро.

   — Почемý?

   — Они́ éздят в гóрод. Там они́ ______________________ свой урожáй.
6. — Как мнóго яи́ц! Комý вы ______________________ их?

   — Никомý. Сáми съеди́м. У нас же в семьé пять человéк.

Упражнéние 11 — (Г1) Use these word groups to practice using the verb **учи́ть/научи́ть** which has special grammatical requirements.

Учи́ть/научи́ть когó/что/чемý/что дéлать

Образéц ▶

Мáма/научи́ть/сын/готóвить/борщ
Мáма научи́ла сы́на готóвить борщ.

1. Мáма Анны Афанáсьевны/научи́ть/онá/крестья́нская рабóта

   ____
2. Друг/научи́ть/я/игрáть в шáхматы

   ____
3. Учи́тельница/научи́ть/мы/рабóтать на компью́тере

   ____
4. Кто/научи́ть/Анна Афанáсьевна/писáть стихи́

   ____
5. Анна Афанáсьевна/научи́ть/млáдшая сестрá/дои́ть корóву

   ____
6. Роди́тели/хотя́т научи́ть/дóчери и сыновья́/жить самостоя́тельно

   ____
7. Вчерá рýсские ребя́та/научи́ть/америкáнские ребя́та/петь «Катю́шу»

   ____

Упражнение 12 — (E1) Complete this summary (**переска́з**) of the story **«Тро́е из Простоква́шино»**.

Жил-был ма́льчик Фе́дя. До́ма его зва́ли ____________________. В оди́н день он встре́тился с ____________. Кот Матро́скин сказа́л, что он сейча́с не зна́ет, где он бу́дет ____________. Фе́дя пригласи́л его́ ____________ у него́, но его́ ма́ма не лю́бит ____________. Дя́дя Фёдор реши́л бо́льше не жить ____________.

Дядя Фёдор и кот Матро́скин пошли́ в дере́вню. По доро́ге они́ встре́тили ____________, кото́рый попроси́л их взять его́ к ним ____________. Кот Матро́скин сказа́л, что не на́до, что у них ещё нет ____________. Но Дя́дя Фёдор сказа́л, что вме́сте ____________.

Кот Матро́скин, Ша́рик, и дя́дя Фёдор пришли́ в ____________ и нашли́ ____________. В друго́й день почтальо́н Пе́чкин пришёл и захоте́л знать кто они́, отку́да они́, каки́е ____________ они́ бу́дут покупа́ть.

В оди́н день реши́ли, что на́до купи́ть ____________, но совсе́м нет ____________. Кот хоте́л продава́ть ____________, но дя́дя Фёдор сказа́л, что им на́до иска́ть ____________. Так Матро́скин, Ша́рик, и дя́дя Фёдор пошли́ иска́ть и нашли́ клад.

Упражнение 13 — (Ё) Complete this crossword.

По горизонтáли

2. На хозя́йстве Анны Афанáсьевны ____ даю́т я́йца, котóрые онá продаёт.
5. Анна Афанáсьевна живёт в Москóвской óбласти. Онá ужé на ____.
7. То, что четвёртое слóво по вертикáли.
9. Из ____ мóжно готóвить óчень вкýсный борщ.
11. Вчерá Натáша приходи́ла ____ мне и спрáшивала о тебé.
13. Анна Афанáсьевна говори́т, что ____ не лю́бит крестья́нскую рабóту.
15. На пóле Анны Афанáсьевны растýт свёкла, лук, моркóвь, и ____ .
16. Я ужé прочитáл э́ту кни́гу, а ____ ещё не нáчал читáть.
18. У Анны Афанáсьевны небольшóе ____, где онá живёт и выращивает óвощи.
21. Тот, та, то, ____ .
22. — Каки́е у вас óвощи? — я ____ лук, картóфель, реди́ску, свёклу, моркóвь и рéпу.

По вертикáли

1. Какóй сегóдня ____ ? —Пя́тница.
3. Мóй папа ____ меня́ выращивать óчень хорóшую моркóвь.
4. Какóй суп дéлают из свёклы, борщ ____ щи?
6. Бли́зкий ____ Анны Афанáсьевны — Ивáн Кузьми́ч.
8. Вáжный óвощ рýсского и́ли америкáнского огорóда — э́то ____ .
10. Анна Афанáсьевна с удовóльствием рабóтает на свéжем ____ .
12. Натáша журнали́ст. ____ берёт интервью́ у крестья́нки.
14. Анна Афанáсьевна не рабóтает в колхóзе. Онá рабóтает на своём небольшóм ____ .
15. Натáша и Антóн ви́дели ____ у Анны Афанáсьевны.
17. Анна Афанáсьевна самá дои́т ____ корóву.
19. Из молокá дéлают сметáну, мáсло и ____.
20. Вот каки́е краси́вые óвощи! ____ все из вáшего огорóда?
21. Тот, та, ____, те.

Седьмой урок

«Врач . . . Я не ви́жу для себя́ друго́й профе́ссии.»

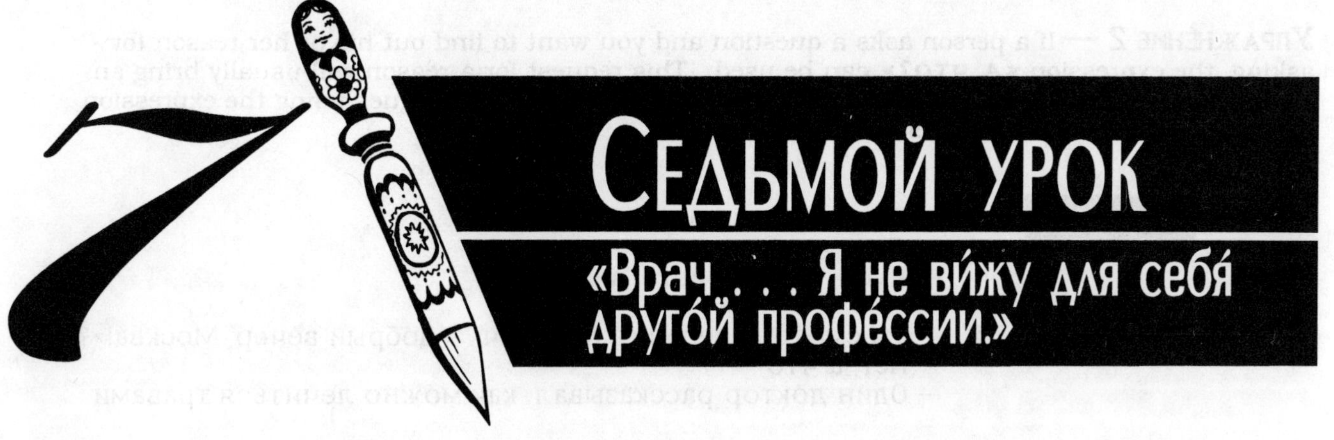

Упражне́ние 1 — Practice the names of parts of the body by filling in the Russian words.

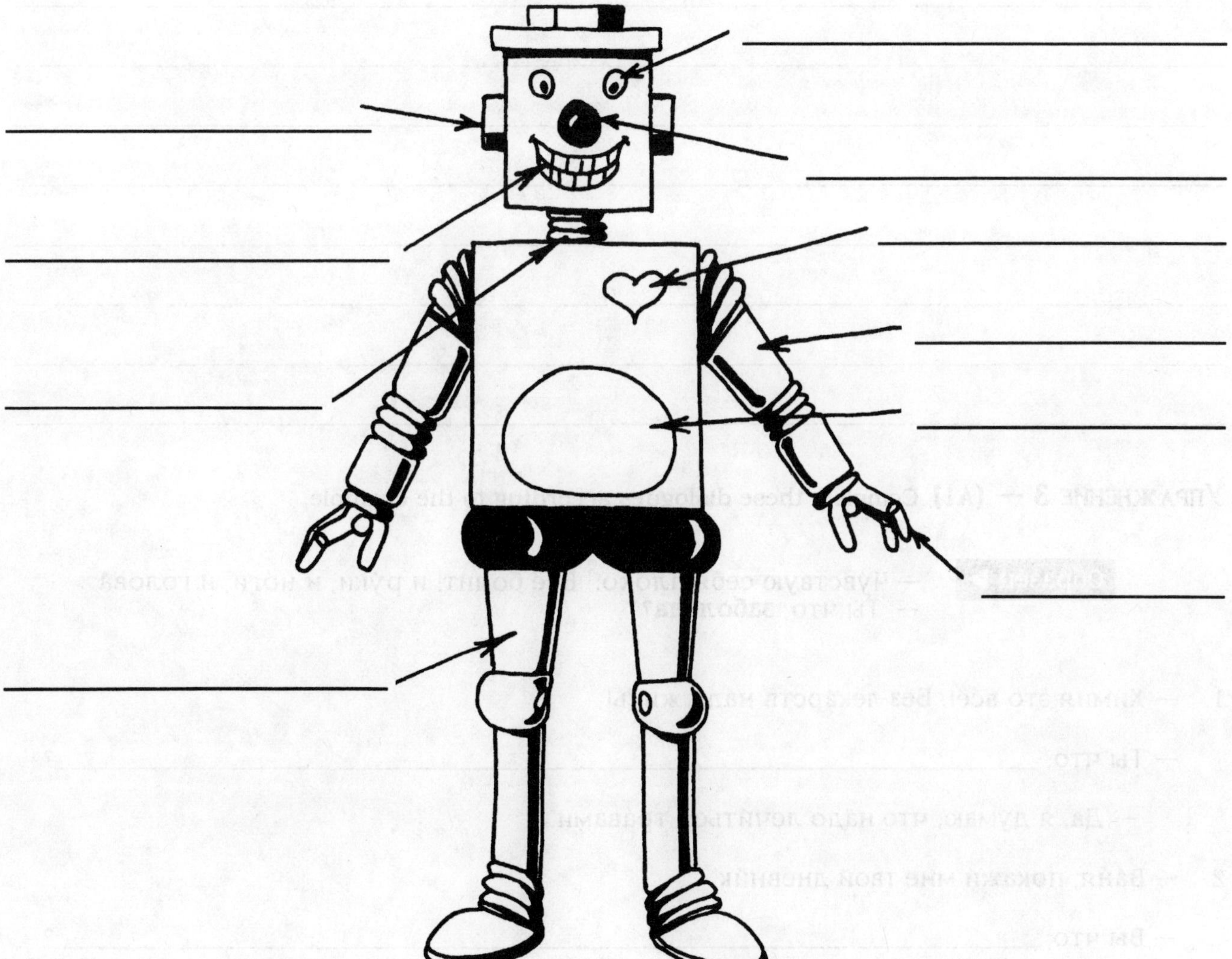

Упражне́ние 2 — If a person asks a question and you want to find out his or her reason for asking, the expression **«А что?»** can be used. This request for a reason will usually bring an explanation from the person who asked the question. Write three dialogues using the expression **«А что?»**. Follow the examples.

Образе́ц ▶

а) — Ты пойдёшь в апте́ку?
— Да, а что?
— Купи́, пожа́луйста, витами́ны.

б) — Ты смотре́л сего́дня переда́чу «До́брый ве́чер, Москва́!»?
— Нет, а что?
— Оди́н до́ктор расска́зывал, как мо́жно лечи́ться тра́вами.

____

____

____

____

____

____

____

____

____

____

____

____

Упражне́ние 3 — (A1) Complete these dialogues according to the example.

Образе́ц ▶

— Чу́вствую себя́ пло́хо. Всё боли́т: и ру́ки, и но́ги, и голова́.
— Ты что, **заболе́ла**?

1. — Хи́мия э́то всё! **Без** лека́рств на́до жить!

— Ты что, ____?

— Да, я ду́маю, что на́до лечи́ться тра́вами.

2. — Ва́ня, покажи́ мне твой дневни́к.

— Вы что, ____?

— Нет, про́сто хо́чется посмотре́ть отме́тки.

3. — Сейча́с приму́ лека́рство, а ве́чером пойду́ к врачу́, е́сли не бу́дет лу́чше.

— А ты что, ______________________________?

— Да, у меня́ сего́дня мно́го рабо́ты. Вре́мени нет.

4. — Я хоте́ла бы взять у вас интервью́.

— А вы что, ______________________________?

— Да, я давно́ рабо́таю в журна́ле. Сейча́с я беру́ интервью́ для уче́бника.

5. — Аня — моя́ дочь — у́чится в медици́нском институ́те.

— Она́ что, ______________________________?

— Да, Аня лю́бит медици́ну, она́ у́мная, до́брая и терпели́вая, а э́то гла́вное. И я рад, что она́ реши́ла стать врачо́м.

6. — Мои́ де́ти бы́ли в Аме́рике, и у нас жи́ли америка́нские ребя́та.

— Они́ что, ______________________________?

— Да, они́ учи́лись в англи́йской шко́ле.

Упражне́ние 4 — (A7) Write the correct forms of **боле́ть/заболе́ть** and **боле́ть** (as used in the 3rd person only).

1. Я чу́вствую себя́ пло́хо. У меня́ ____________ голова́, то́же ____________ глаза́, ____________ то́же.
2. Сего́дня я пойду́ к зубно́му врачу́. У меня́ зу́бы ____________.
3. В сре́ду моя́ сестра́ ____________ и не могла́ пойти́ на рабо́ту. Сейча́с она́ уже́ хорошо́ себя́ чу́вствуют.
4. Здра́вствуйте, на что вы жа́луетесь? Что у вас ____________?
5. По́сле войны́ оте́ц Алексе́я Никола́евича си́льно ____________ и у́мер.
6. Это мой де́душка, он си́льно ____________, пло́хо ви́дит и слы́шит. Говори́ гро́мко.
7. Ми́стер Брайт, э́то говори́т Ник Ко́ул. Я сего́дня ____________ гри́ппом и не могу́ прийти́ на рабо́ту.
8. Вчера́ Джон ____________ и не мог сде́лать свою́ рабо́ту.
9. Па́па вчера́ рабо́тал о́чень до́лго. Сего́дня у него́ ____________ спина́.
10. В э́той стране́ ____________ СПИДом бо́льше, чем в Росси́и.

Упражне́ние 5 — (A7) Oral Exercise. For each person depicted in the drawings, tell what hurts.

Упражне́ние 6 — (A8) Complete each of these sentences by giving a reason.

1. Викто́рия не ходи́ла в шко́лу, потому́ что ____.
2. Анна Афана́сьевна не могла́ рабо́тать в по́ле, потому́ что ____.
3. Врачу́ бы́ло интере́сно дава́ть интервью́, потому́ что ____.
4. У Игоря боле́ло го́рло, потому́ что ____.
5. Ма́ша не хоте́ла пить кока-ко́лу со льдом, потому́ что ____.

Упражне́ние 7 — (A8) Переведи́те предложе́ния на ру́сский язы́к.

1. Natasha has a headache.

____.

____.

2. He has a cough and a high temperature, so he has the flu.

____.

____.

3. Today my eyes hurt because yesterday I worked a great deal with the computer.

____.

____.

4. I am sick, and so tomorrow I will not go to school.

____.

____.

5. Yesterday my youngest sister had a sore throat.

____.

____.

6. I do not feel very well; I have a toothache.

____.

____.

Упражне́ние 8 — (A11) Найди́те оконча́ние диало́га. There is one extra answer.

1. — Ты пойдёшь сего́дня ве́чером к ма́ме?
   — Коне́чно. Она́ больна́. А что?

2. — Ты смотре́ла уже́ после́дний но́мер журна́ла «Здоро́вье»?
   — Нет, а что?

3. — Ты ви́дел э́тот рису́нок?
   — Нет, а что?

4. — Ты себя́ хорошо́ чу́вствуешь?
   — Хорошо́. А что?

5. — Ты принима́ешь лека́рство?
   — Принима́ю, а что?

6. — Ты ел вчера́ моро́женое?
   — Ел, а что?

7. — Ты был у до́ктора?
   — Был, а что?

8. — Ты, ка́жется, должна́ была́ с соба́кой пойти́ к врачу́? Ты ходи́ла?
   — Да, а что?

____ а) — Мне ка́жется, что у тебя́ температу́ра.

____ б) — Мо́жет быть, поэ́тому у тебя́ боли́т го́рло?

____ в) — Там есть интере́сная статья́ «Му́зыка и мы». Автор счита́ет, что увлече́ние рок-му́зыкой — э́то боле́знь, кото́рая называ́ется рокома́ния.

____ г) — Он дал тебе́ больни́чный?

____ д) — Посмотри́. По-мо́ему, о́чень смешно́й (comic).

____ е) — Что сказа́л врач? На́до Ша́рику дава́ть лека́рство?

____ ё) — Она́ звони́ла и проси́ла лека́рство. Возьми́ его́, вот оно́.

____ ж) — Мне ка́жется, оно́ тебе́ не помога́ет, ты о́чень си́льно ка́шляешь.

____ з) — Да, я вчера́ разгова́ривала с ни́ми по телефо́ну. Они́ пойду́т с на́ми в теа́тр.

Упражнéние 9 — (А12) Complete each sentence logically, using the preposition **без** to begin your answer.

1. Сáша, муж Натáши, сказáл, что нáдо жить ____________________ ____________________.

2. Óчень трýдно учи́ть язы́к ____________________ ____________________.

3. Бáбушка не мóжет читáть ____________________ ____________________.

4. Мои́ роди́тели всегдá пьют кóфе ____________________ ____________________.

5. Я не хочý идти́ тудá ____________________ ____________________.

6. Майкл приéхал в шкóлу ____________________ ____________________.

7. Я не хочý жить ____________________ ____________________.

Упражнéние 10 — (Б3) Напиши́те нýжное слóво:

1. Врачáм трýдно рабóтать, éсли не хватáет ____________________.
2. Éсли у тебя́ не хватáет ____________________ , ты не мóжешь быть хорóшим секретарём.
3. Когдá я смотрю́ на крестья́н, я не понимáю, как у них хватáет ____________________ дéлать всю их рабóту с утрá до вéчера.
4. Я спроси́л учи́теля, чегó мне не хватáет, чтóбы хорошó говори́ть по-рýсски. Он отвéтил, что мне не хватáет ____________________.
5. В дéтстве я хотéла стать учи́тельницей, но потóм понялá, что мне не хватáет ____________________ для э́той рабóты.
6. Когдá болéет мой брат, у негó всегдá хватáет ____________________ , чтóбы дéлать всё так, как говори́т врач.

Упражне́ние 11 — (Б3) Переведи́те на ру́сский язы́к.

1. I wanted to buy a book, but I didn't have enough money.

2. We didn't have enough time to go to the circus.

3. There weren't enough students to play soccer.

4. He doesn't have enough stamps.

5. Victor says he doesn't have time to do his homework.

Упражне́ние 12 — (Б5) Fill in the correct form of the verb **тре́бовать**.

1. Учи́тель ________________, что́бы мы сиде́ли ти́хо.
2. Иностра́нный язы́к ________________, что́бы студе́нт мно́го занима́лся.
3. Футбо́л ________________ си́лы и эне́ргии.
4. Эта рабо́та ________________ вре́мени и де́нег.
5. Что вы ________________ от меня́, Ива́н Юрьевич?

Упражне́ние 13 — (Г1) Change each of these sentences about health matters to past tense.

1. Ната́ша пло́хо себя́ чу́вствует. Она́ боле́ет.

2. — Ско́лько вре́мени вы боле́ете? — Я боле́ю неде́лю.

3. — А что у вас боли́т? — У меня́ болят у́ши и боли́т голова́.

4. Сего́дня и нога́ боли́т и зу́бы боля́т.

5. У меня́ боли́т се́рдце.

6. Игна́т не ду́мает, что он заболе́ет от ви́русов.

Упражне́ние 14 — (Г2) Oral Exercise. Answer each suggestion with a denial. Where appropriate, tell how you feel.

Образе́ц ▶ — Вы жа́луетесь на се́рдце, да?
— Почему́ жа́луюсь? Нет, се́рдце у меня́ не боли́т.

1. — У тебя́ боли́т голова́, да?
2. — У вас высо́кая температу́ра, да?
3. — У тебя́ грипп, да?
4. — Ты что, не принима́ла сего́дня лека́рство?
5. — Вы что, ле́читесь то́лько тра́вами?
6. — Ты что, не пил сего́дня чай с мали́ной?
7. — Вы не ме́рили температу́ру, да?

Упражне́ние 15 — (Д1) Предста́вьте себе́ (imagine), что ваш брат и́ли ва́ша сестра́ хо́чет быть врачо́м (и́ли бизнесме́ном). Вы ду́маете, что э́то пло́хо, что он до́лжен стать бизнесме́ном (врачо́м). Напиши́те ему́ письмо́ об э́том. Напиши́те, почему́ пло́хо быть врачо́м (бизнесме́ном), почему́ лу́чше рабо́тать бизнесме́ном (врачо́м).

Упражне́ние 16 — (Д2) Предста́вьте себе́, что вы бы́ли у но́вого врача́ и он/она́ вам о́чень (не) понра́вился/понра́вилась. Напиши́те ва́шему дру́гу, како́й он/она́ челове́к.

Упражнение 17 — (Ё)
Complete this crossword.

По горизонта́ли

1. Моя́ ____ боли́т. Я не могу́ ходи́ть.
3. Указа́тельный ____ на руке́ пока́зывает, где нахо́дится вещь.
6. Джон не лю́бит молоко́, но он ____ моро́женое с удово́льствием.
8. Ро́ма, ты бо́лен? Пойдём к врачу́. На́ша ____ нахо́дится о́чень бли́зко.
10. У меня́ о́чень боли́т ____ . На́до пойти́ к зубно́му врачу́.
11. СПИД — о́чень серьёзная ____. От него́ умира́ет мно́го люде́й.
14. Я ____ хочу́ пить ко́фе без сахара.
15. Тот, та, то, ____ .
16. У вас грипп. Бу́дете ____ два-три дня, а пото́м бу́дете чу́вствовать себя́ лу́чше.
17. Ба́бушка, тебе́ пришло́ письмо́ ____ тёти Ни́ны.
18. Я ду́маю, что врач до́лжен быть ____ челове́ком. А как ты ду́маешь?
20. Ива́н Васи́льевич бо́лен. У него́ ка́шель, и ____ боли́т.
22. Высо́цкий отли́чно ____ и игра́л на гита́ре. Он то́же был актёром.
25. Пе́рвый ____ э́той пье́сы о́чень ску́чный. А второ́й был гора́здо интере́снее.
26. Моя́ сестра́ хо́чет быть врачо́м. ____ о́чень интересу́ет её.
27. Я пло́хо себя́ чу́вствую. У меня́ ____ и высо́кая температу́ра.
30. Врач выписа́л ____ на лека́рство и дал его́ больно́му.
31. Моё ле́вое ____ побо́льше, чем пра́вое.
32. Мы не ____ икру́. Она́ нам не нра́вится.
35. Это о́чень серьёзная боле́знь. От неё ча́сто ____ больны́е.

По вертика́ли

2. У меня́ ка́шель, го́рло боли́т. У меня́ ____.
4. То, что едя́т называ́ется ____.
5. Я о́чень мно́го ел, да́же ____ боли́т.
7. Она́ лу́чшая арти́стка. Я люблю́ ____, как она́ поёт.
9. СПИД — э́то больша́я пробле́ма медици́ны. И америка́нское и ру́сское ____ зна́ют э́ту пробле́му.
12. У ма́мы грипп. Врач хо́чет ____ её но́вым лека́рством.
13. Смотри́ но́мер де́сять по горизонта́ли.
19. В э́той поликли́нике ста́рая ____, но врачи́ отли́чные.
20. Алексе́й Никола́евич — ____ врач поликли́ники.
21. Мы спроси́ли, бу́дет ____ матч за́втра.
23. Мы хо́дим к э́тому врачу́ мно́го лет. Он нас всех ____ .
24. Джон ____ э́то невку́сное лека́рство и ско́ро почу́вствовал себя́ лу́чше.
26. Медсестра́ ____ температу́ру больно́го.
28. Боле́знь ____ — о́чень больша́я пробле́ма. Врачи́ ещё не уме́ют вы́лечить больно́го.
29. Врач ____ в такси́ и пое́хал в поликли́нику.
32. Я ____ пельме́ни с больши́м удово́льствием.
33. Они́ бу́дут рабо́тать в э́той больни́це. ____ нра́вится така́я рабо́та.
34. На́ши де́ти о́чень лю́бят мультфи́льм «____, погоди́».

Фами́лия ____________________ Число́ ____________

Восьмой урок

Повторéние урóков 5-7

Упражнéние 1 — (5А3) Write in the correct form of **дóлжен** (**должнá**, **должнó**, **должны́**).

Образéц ▶ Учи́тель сказáл, что мы должны́ занимáться бóльше.
Должнó быть, что он не понимáет. Вот почемý он не отвечáет.

1. На рабóте Алексéй Николáевич ______________________ имéть энéргию, трудолю́бию, и терпéние, и так дáлее.
2. Анна Афанáсьевна Кузнецóва ________________________ рáно вставáть и дои́ть корóв.
3. Натáша ______________________________ былá принимáть лекáрство и витами́ны.
4. Секретáрь-реферéнт ____________________________ быть обязáтельным человéком.
5. ____________________ быть, что Вóва забы́л приготóвить урóки.
6. Сáша дýмает, что человéк ____________________________ жить без хи́мии.

Упражнéние 2 — (5А5) Write down a way to correct these mistaken impressions following the example.

Образéц ▶ — Ольга, вы не кóнчили педагоги́ческий институ́т, прáвда?
— Почемý не кóнчила педагоги́ческий? Я кóнчила его дéсять лет назáд.

1. — А Ольга Толмачёва не отвечáет на телефóнные звонки́, прáвда?

— ____

2. — Мне ка́жется, ты ещё не познако́милась с э́тим врачо́м.

— ____

3. — Вы не жале́ете, что живёте в дере́вне, а не в большо́м го́роде?

— ____

4. — Вы о́чень больны́. Наве́рное, у вас боли́т го́рло.

— ____

5. — Вы не уме́ете рабо́тать на компью́тере, как я по́нял.

— ____

6. — А у вас нет лека́рства?

— ____

7. — Ва́ши друзья́ все изуча́ют неме́цкий язы́к?

— ____

8. — У вас в хозя́йстве нет коро́в?

— ____

Упражне́ние 3 — (5A10) Oral Exercise. Tell the intended use of each of these objects.

Упражне́ние 4 — (5Б11) Recall the folk sayings from Lesson 5, and try to combine these phrases to form them correctly. Give their meanings. There is one extra answer.

1. Кто ра́но встаёт,	____ тому́ Бог даёт.
2. Чем бога́ты,	____ кото́рый не хо́чет быть генера́лом.
3. Кто смел,	____ тот не ест.
4. Не откла́дывай на за́втра то,	____ тот и съел.
5. Плохо́й тот солда́т,	____ тот о том и говори́т.
6. Кто не рабо́тает,	____ тем и ра́ды.
7. У кого́ что боли́т,	____ кто ничего́ не де́лает.
8. Не ошиба́ется тот,	____ то прошло́.
9. Что бы́ло,	____ что мо́жно сде́лать сего́дня.
	____ того́ здесь нет.

Упражне́ние 5 — (5Б8) Review the ways to talk about marriage (**выходи́ть/вы́йти за́муж за кого́, жени́ться на ком** and **пожени́ться**) by translating these sentences.

1. My older brother married Zina Efremova on Saturday.

____

2. Zina Efremova married my older brother.

____

3. My grandparents were married in 1960.

____

4. I heard that you wanted to marry Sasha Boguk. Is that true?

____

Упражне́ние 6 — (5Б8) When Russians say that a woman is married, the phrase is **за́мужем за (кем?)** (her husband's name is in the instrumental case). A married man is **жена́т на (ком?)** (the wife's name is in the prepositional case). The form **жена́ты** is used to speak of couples. Change these statements about getting married to statements about being married, according to the examples.

Образе́ц ▶ Моя́ сестра вы́шла за́муж за Ива́на Бога́това.
Моя́ сестра́ **за́мужем за Ива́ном Бога́товым.**

Мой брат жени́лся на Ни́не Бара́новой.
Мой брат **жена́т на Ни́не Бара́новой.**

1. Ива́н Петро́вич жени́лся на Мари́не Горбуно́вой.

____

2. Еле́на Ви́кторовна вы́шла за́муж за Ники́ту Степа́новича.

____

3. За кем за́мужем Поли́на?

____

Фами́лия________________________ Число́________________

4. Макси́м и Елизаве́та пожени́лись в декабре́.

____

5. Анто́н Петро́вич, на ком вы жени́лись ?

____

Упражне́ние 7 — (5Б16) Write in the correct form of **звони́ть/позвони́ть**.

1. За́втра мы тебе́ ______________ и ска́жем, когда́ матч.

2. Я его́ о́чень люблю́. Я ______________ ему́ ка́ждый день.

3. Ма́ма ______________ врачу́ и попроси́ла но́вый реце́пт.

4. Когда́ ты прие́дешь, ______________ Ната́ше, а то она́ бу́дет волнова́ться.

5. Ольга Толмачёва ______________ не́сколько раз, но его́ не́ было.

6. Когда́ Ната́ша была́ больна́, её муж ______________ ей с рабо́ты ка́ждый день.

7. Эти врачи́ ча́сто ______________ друг дру́гу по телефо́ну.

Упражне́ние 8 — (5Б6) Write in the correct form of **уме́ть**, **знать**, or **мочь**.

1. Ва́ня хорошо́ ______________ уро́к 6. Он мно́го часо́в учи́л его́.

2. Ольга Толмачёва ______________ вяза́ть сви́теры, носки́ и шарфы́.

3. Игорь, э́то ты! Я тебя́ не ______________ в тёмных очка́х.

4. Анна Афана́сьевна о́чень си́льный челове́к. Она́ ______________ рабо́тать в по́ле весь день.

5. Секрета́рь-рефере́нт прекра́сно ______________ печа́тать на маши́нке.

6. Ребя́та не ______________, что у Анны Афана́сьевны есть порося́та.

7. Я сего́дня не ______________ пойти́ к экстрасе́нсу. Я до́лжен рабо́тать.

8. Анна Афана́сьевна не ______________ петь свои́ пе́сни.

9. Сейча́с жа́рко и мы не ______________ игра́ть в хокке́й на у́лице.

Упражне́ние 9 — (1А7) Write the correct form of the verb.

начина́ть/нача́ть

1. Брат всегда́ ______________ писа́ть дома́шнюю рабо́ту по́сле у́жина.

2. Пáпа ______________________ готóвить ýжин, когдá он вернýлся домóй.

3. Мы ______________________ ходи́ть в университéт в восемнáдцать лет.

4. Моя́ бáбушка ______________________ рабóтать в колхóзе, когдá ей бы́ло 10 лет.

5. Сегóдня мáма ______________________ рабóтать в шесть часóв утрá.

кончáть/кóнчить.

6. Вот он ______________________ рисовáть тебя́! Очень похóжа.

7. Онá ещё не ______________________ писáть письмó? Онá пи́шет ужé час.

8. Мы обы́чно ______________________ тренировáться в 5.30.

9. Моя́ сестрá ______________________ учи́ться скóро и мы поéдем домóй.

10. Я ______________________ шкóлу чéрез год.

Упражнéние 10 — (6A1) The interviews in the previous three lessons contain a number of sentences which have a missing element that is understood by the speakers. Decide what word is understood in each of these excerpts, and write it in the space provided.

Образéц ▶ — Мáма, а индю́к какóй **краси́вый (харóший)**!

1. — Каки́м ______________________ дóлжен быть? Обязáтельным, аккурáтным, óчень терпели́вым и хорошó воспи́танным.

2. — Три рáза в день пóсле еды́. И обязáтельно ______________________ витами́ны. И, конéчно, ______________________ чай, мали́на, мёд. Больни́чный на три дня.

3. — К экстрасéнсу — не нáдо ______________________, а трáвы ______________________ — обязáтельно!

4. — Сейчáс ______________________ стáли зарабáтывать бóльше, но всю жизнь зарабáтывали мáло.

5. — А вы продаёте молокó?

— Конéчно. И молокó, и сметáну, и я́йца ______________________. И мя́со у нас своё, и колбасý и ветчинý дéлаем.

6. — Осенью хýже, конéчно, но автóбус идёт ря́дом с дóмом. Если нáдо ______________________ в гóрод, мы éдем на автóбусе.

Упражне́ние 11 — (6А1) Fill in the missing word or words in the caption.

— Мо́жет быть, Анто́н Ю́рьевич, вам лу́чше не есть

___________________________________?

Упражне́ние 12 — (6Б5) Tell what each product is made of.

Образе́ц ▶ (сыр/молоко́) Сыр де́лают из молока́.

1. (га́мбургер/мя́со, хлеб)

____

2. (маши́на/мета́лл, пла́стик)

____

3. (моло́чный кокте́йл/моро́женое, варе́нье, молоко́)

____

4. (варе́нье/мали́на, са́хар)

____

5. (компью́терный компле́кт/компью́тер, диспле́й, клавиату́ра, жёсткий диск, при́нтер)

____

____

____

Упражне́ние 13 — (6Б7) **Oral Exercise.** Tell what can be done with each object.

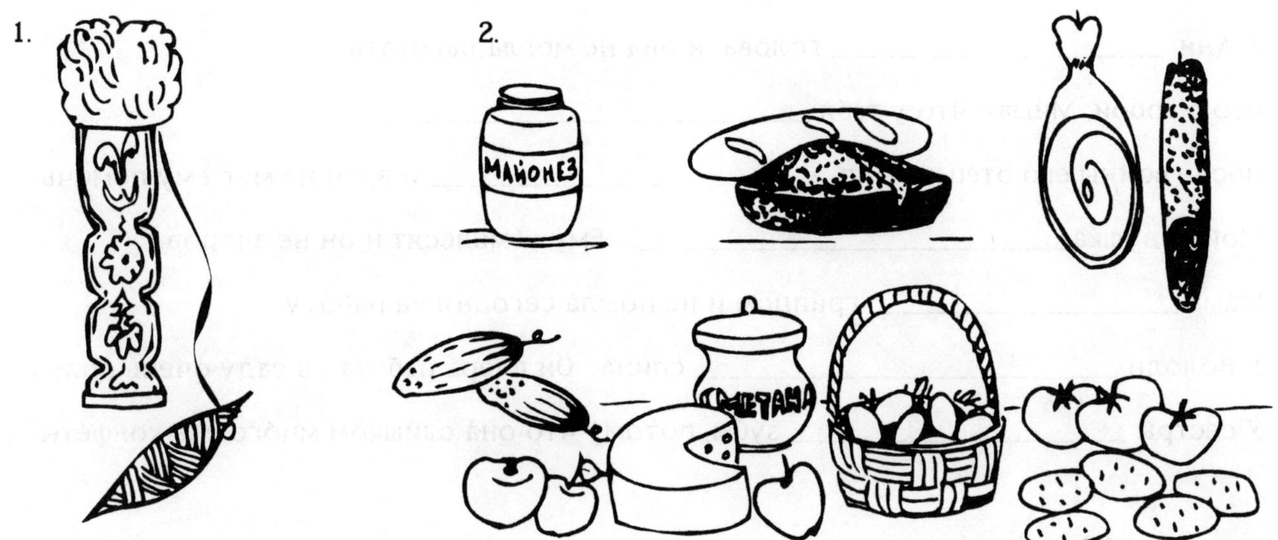

Упражне́ние 14 — (6Г1) Write the correct form of each verb.

встава́ть

1. Ка́ждое у́тро я ______________________ в шесть часо́в.
2. На э́той неде́ле мы ______________________ ра́но.

продава́ть

3. Здесь ______________________ лека́рства и травы́?
4. Анна Афана́сьевна ______________________ я́йца в го́роде вчера́.

узнава́ть

5. Фи́зика — интере́сный предме́т. Ка́ждый день мы ______________________ но́вое.
6. Ребя́та ______________________ после́дние но́вости, когда́ смо́трят телеви́зор.

научи́ть

7. Кто ______________________ Ольгу Толмачёву вя́зать?
8. Я ______________________ моего́ бра́та танцева́ть вальс.

посади́ть

9. Анна Афана́сьевна ______________________ карто́шку весно́й.
10. У свое́й да́чи врач ______________________ краси́вые цветы́.

выра́щивать

11. Мой де́душка и ба́бушка ______________________ помидо́ры и огугцы́.
12. Я хочу́ ______________________ у́ток и гу́сей.

Упражне́ние 15 — (7А7) Впиши́те пра́вильную фо́рму глаго́ла **боле́ть/заболе́ть** and **боле́ть** (as used in the 3rd person only).

1. У Ани ________________________ голова́, и она́ не могла́ рабо́тать.
2. Что с тобо́й, Ми́ша? Что у тебя́ ________________________________?
3. По́сле войны́ его́ оте́ц си́льно ____________________________ и врач не мог ему́ помо́чь.
4. Мой де́душка ______________________________. Ему́ се́мьдесят и он не здоро́в.
5. Ма́ма ______________________ гри́ппом и не пошла́ сего́дня на рабо́ту.
6. У Воло́ди ______________________________ спина́. Он вчера́ рабо́тал в саду́ о́чень до́лго.
7. У сестры́ ________________________ зу́бы, потому́ что она́ сли́шком мно́го е́ла конфе́ты.

Упражне́ние 16 — (7А4) Oral Exercise. Tell the purpose of each of these objects.

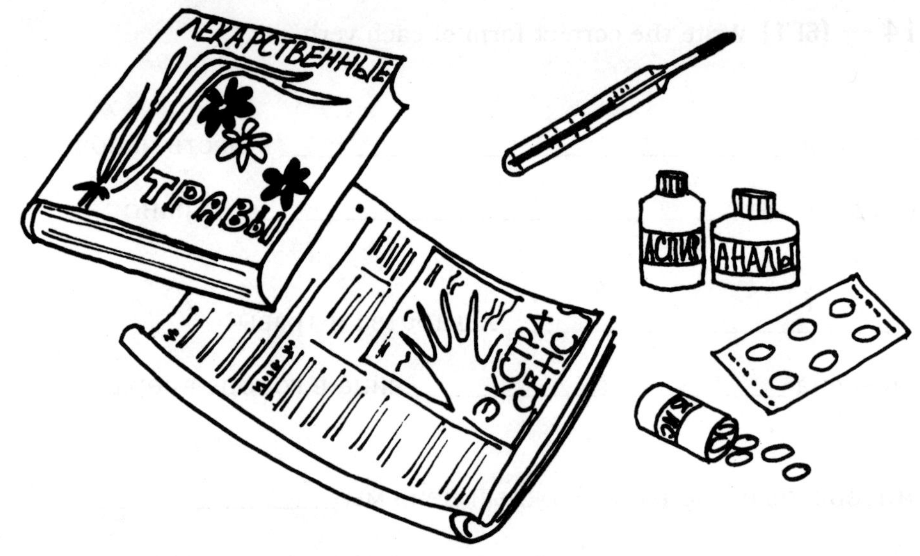

Упражне́ние 17 — (7А7, 7Г3) Переведи́те на ру́сский язы́к.

1. Misha's mother was feeling bad. Her arm was hurting a lot.

____

____

2. The pilot feels normal today. Yesterday he had the flu.

____

____

3. Masha came to school without her books and notebook. She forgot them at home.

4. I didn't have time to do my homework. I was watching the game on television.

5. Marta Sergeevna wanted to buy caviar, but didn't have enough money with her.

6. He wants to be a musician, but I think that he doesn't have enough talent and patience.

7. The teacher required our help after school. She was beginning to take the old books to the library.

8. Basketball and soccer require much practice and discipline.

9. Students succeeded in reading the text without a dictionary.

Упражне́ние 18 — (5Ё, 6Ё, 7Ё) Complete this crossword.

По горизонта́ли

1. Моя́ ... боли́т. Я не могу́ ходи́ть.
3. Указа́тельный **(index)** ... на руке́ пока́зывает, где нахо́дится вещь.
5. Джон не лю́бит молоко́, но он ... моро́женое с удово́льствием.
8. Я бо́лен, ... я не ходи́л к врачу́.
9. У меня́ о́чень боли́т ... . На́до пойти́ к зубно́му врачу́.
10. Ро́ма, ты бо́лен? Пойдём к врачу́. На́ша ... нахо́дится о́чень бли́зко.
13. Тот, та, то, ...
16. Дифтери́я — о́чень серьёзная ... От него́ умира́ют лю́ди.
17. Высо́цкий отли́чно ... и игра́л на гита́ре. Он был и актёром.
19. ... ком вы говори́те? Обо мне́?
20. Мы хо́дим к э́тому врачу́ мно́го лет. Он нас всех ... .
21. Джон ... э́то невку́сное лека́рство и ско́ро почу́вствовал себя́ лу́чше.
23. Скажи́те, пожа́луйста, как пройти́ ... це́нтра.
24. Посмотри́те но́мер 13.
26. Мои́ роди́тели врачи́. Это ... больни́ца.
28. Ма́ть лю́бит чай, а па́па никогда́ не ... его́.
29. Посмотри́те но́мер 5.
30. Ма́ма - мать, па́па - ....
31. ..., мне тяжело́. Что де́лать?
33. Мы о́чень лю́бим икру́ и ... её с удово́льствием.
34. Они́ бу́дут рабо́тать в э́той больни́це. ... нра́вится така́я рабо́та.
35. Ты по́мнишь расска́з «Тро́е ... Простоква́шино»?
36. Рома́н «Война́ и ...» Толсто́го изве́стен во всём ми́ре.
37. У вас грипп. Бу́дете ... два-три дня, а пото́м бу́дете чу́вствовать себя́ лу́чше.
38. Тот, та, ..., те.
39. В э́той поликли́нике ста́рая ..., но врачи́ отли́чные.
40. Посмотри́те но́мер 13.

По вертика́ли

1. Анна Афана́сьевна о́чень лю́бит мультфи́льм «...., погоди́».
2. У меня́ ка́шель, ... боли́т. У меня́ грипп.
3. Ты не зна́ешь, норма́льная температу́ра ... Це́лсию-36.6 и́ли 37?
4. Когда́ боли́т го́рло, я ... моро́женое.
6. Она́ лу́чшая арти́стка. Я люблю́ ..., как она́ поёт.
7. Пе́рвый ... э́той пье́сы о́чень ску́чный. А второ́й был гора́здо интере́снее.
8. Я ни Ива́на ... Па́вла не ви́дел в шко́ле.
10. Посмотри́те но́мер 17 по горизонта́ли.
11. Посмотри́те но́мер 35 по горизонта́ли.
12. У ма́мы грипп. Врач хо́чет... её но́вым лека́рством.
14. Врач ... в такси́ и пое́хал в поликли́нику.
15. Боле́знь ... — о́чень больша́я пробле́ма. Врачи́ ещё не мо́гут вы́лечить больно́го.
18. Анна больна́. Её ... До́ктор Гу́щин.
21. Вот мой друг Па́ша. Он идёт ... у́лице и поёт.
22. Это Анна Дми́триевна. У ... серьёзная боле́знь.
25. Моя́ сестра́ хо́чет быть врачо́м. ... о́чень интересу́ет её.
27. Врач выписа́л ... на лека́рство и дал его́ больно́му.
31. Это о́чень серьёзная боле́знь. От неё ча́сто ... больны́е.
32. Иван Васи́льевич бо́лен. У него́ высо́кая температу́ра, и ... боли́т.
33. Я не ... икру́. Она́ мне не понра́вилась.
38. Тот, та, то, ...

Девятый урок

«Нет челове́ка вне мо́ды»

Упражне́ние 1 — (A4) Give the questions that would go with the answers below.

Образе́ц ▶
— Де́вочки пошли́ в «Дом мо́ды», что́бы посмотре́ть после́дние моде́ли.
— Заче́м де́вочки пошли́ в «Дом мо́ды»?

и́ли

— Ната́ша но́сит чёрный цвет, потому́ что она́ счита́ет, что он де́лает её стройне́е.
— Почему́ Ната́ша но́сит чёрный цвет?

1. — Мой брат занима́ется спо́ртом, не что́бы стать чемпио́ном и́ли изве́стным спортсме́ном, про́сто он хо́чет быть здоро́вым и си́льным.

   — ____?

2. — Мы пое́хали в Филаде́льфию, что́бы послу́шать там симфони́ческий конце́рт.

   — ____?

3. — Моя́ сестра́ изуча́ет испа́нский и францу́зский языки́, потому́ что она́ хо́чет быть перево́дчиком.

   — ____?

4. — Мы с Ни́ной е́здили в центр го́рода, что́бы купи́ть бу́сы к её костю́му.

   — ____?

5. — Я наде́л плащ, потому́ что по ра́дио сказа́ли, что бу́дет дождь.

   — ____?

6. — Моя́ ма́ма ча́сто покупа́ет мо́дные журна́лы, что́бы знать, что сейча́с в мо́де, что сейча́с но́сят.

   — ____?

7. — Анто́н о́чень не лю́бит ходи́ть по магази́нам, потому́ что он совсе́м не интересу́ется мо́дой.

   — ____?

8. — Лю́ди лю́бят спорти́вный стиль оде́жды, потому́ что э́то всегда́ удо́бно и мо́дно.

   — ____?

Упражнение 2 — (A4) Write the question word for each of the responses below.

Образец ▶
— Зачем/Почему она поехала в Санкт-Петербург?
— Чтобы поступить в Медицинский институт. **(Зачем?)**
— Она много лет мечтала поехать туда. **(Почему?)**

1. — Зачем/Почему Рита купила это платье?

— Ей идёт красный цвет. (________________________)

— Чтобы надеть его на день рождения. (________________________)

2. — Зачем/Почему Джоан изучает русский язык?

— Ей нравятся трудные языки. (________________________)

— Чтобы работать в России. (________________________)

3. — Зачем/Почему Катя пошла к Нине?

— Чтобы рассказать ей об уроках в школе. (________________________)

— Нина болеет уже три недели и не ходит в школу. (________________________)

4. — Зачем/Почему они поехали в Измайловский парк?

— Чтобы купить модные серьги и бусы. (________________________)

— Говорят, там интересно. (________________________)

5. — Зачем/Почему Катя надела такую большую шляпу?

— Она любит модные вещи. (________________________)

— Чтобы все видели, какая у неё модная шляпа. (________________________)

6. —Зачем/Почему вы ездили в Коломенское?

— Чтобы посмотреть выставку икон. (________________________)

— Я много читал об этом месте и очень хотел поехать туда. (________________________)

Упражнение 3 — (A6) Say how the clothing being talked about would look on someone.

Образец ▶
— Какое красивое платье! Я хочу его купить.
— Да, тебе оно будет идти.

или

— Да, я думаю, оно будет хорошо сидеть на тебе.

1. — Тебе нравится этот костюм? Посмотри, как он на мне.

— ____.

2. — Давай купим этот галстук. Мне нравится такой красный цвет.

— ____.

3. — Я давно́ не ви́жу твой чёрный сви́тер. Почему́ ты не надева́ешь его́?

— ____.

4. — Как ты ду́маешь, э́ти бу́сы иду́т к э́тому пла́тью?

— ____.

5. — Вчера́ я купи́ла э́ти се́рьги, но я не зна́ю, иду́т ли они́ мне.

— ____.

6. — Я хочу́ наде́ть мои́ широ́кие брю́ки и кра́сный сви́тер. Как ты ду́маешь, э́то бу́дет хорошо́?

— ____.

7. — Тебе́ нра́вится э́та блу́зка? Посмотри́, как она́ мне.

— ____.

8. — Это пла́тье бы́ло мне велико́. Посмотри́, как оно́ на мне сейча́с.

— ____.

9. — Как ты ду́маешь, фиоле́товая блу́зка идёт к э́той кра́сной ю́бке?

— ____.

Упражне́ние 4 — (A8) Fill in the blanks with the correct form of **ну́жен**.

Это после́дний день до Но́вого го́да. Ната́ше ____________________ ещё покупа́ть пода́рки свое́й семье́. Что купи́ть му́жу? Он говори́т, коне́чно, ему́ ничего́ не ____________________. Но Ната́ша не согла́сна. Ему́ ____________________ но́вые га́лстуки. Все его́ га́лстуки широки́, а широ́кие га́лстуки сейча́с не в мо́де. Ещё ему́ ____________________ джи́нсы. Ста́рые джи́нсы в мо́де, но его́ джи́нсы уже́ сли́шком ста́рые.

А что подари́ть роди́телям? И ма́ма говори́т, что у неё всё есть. Но есть же́нщина, кото́рой не ____________________ духи́? «*Кра́сная Москва́*» — популя́рные духи́, куплю́ их ма́ме.

Оте́ц на пе́нсии. Оде́жда ему́ не ____________________. Его́ хо́бби ма́рки. Хотя́ они́ ему́ не ____________________, куплю́ и подарю́ ему́ ма́рки.

Упражне́ние 5 — (A8) Complete these sentences using the correct form of **ну́жен**. Be careful of tenses.

1. Вчера́, когда́ я переводи́л статью, мне ______________________ большо́й слова́рь. Но я нигде́ не мог найти́ его́.
2. Мои́м роди́телям о́чень ______________________ де́ньги, потому́ что они́ купи́ли но́вый дом.
3. Тебе́ не ______________________ э́та ку́ртка? Мо́жно, я её наде́ну?
4. За́втра тебе́ не ______________________ э́тот га́лстук? Мне он о́чень нра́вится, я хочу́ его́ наде́ть.
5. У меня́ есть мно́го ста́рых ру́сских книг. Тебе́ они́ не ______________________ ?
6. Ната́ша, ты не зна́ешь, где письмо́ из Вашингто́на? Оно́ сейча́с нам о́чень ______________________ .
7. Воло́дя, я хочу́ взять мой магнитофо́н. За́втра он мне ______________________ .
8. — Вот твоя́ тетра́дь.

   — Сейча́с она́ мне не ______________________ . Она́ ______________________ за́втра.
9. — Вчера́ мне ______________________ газе́та. Там была́ статья́ о ма́тче в Москве́.

   — Я могу́ тебе́ её дать.

   — Спаси́бо, но сейча́с она́ мне уже́ не ______________________ .

Упражне́ние 6 — (A8) Translate these sentences.

1. I need to study a lot tonight.

   ____
2. Will you need a new overcoat this winter?

   ____
3. He needs to wear a suit and tie to his job.

   ____
4. Ivan needed his friends' help.

   ____
5. The children need new clothing.

   ____
6. Last night Katya needed a dictionary in order to translate a letter.

   ____

Упражне́ние 7 — (Б3) Say whether these people are **за** (in favor of, agree with, like, for) or **про́тив** (object to, disagree with, dislike, against) the things below.

Образе́ц ▶ Моя́ ма́ма никогда́ не слу́шает хеви-ме́талл.
Моя́ ма́ма про́тив хеви-ме́талл.

1. Я не хоте́л занима́ться ру́сским языко́м, потому́ что он каза́лся мне о́чень тру́дным. Но мой па́па сказа́л, что са́мое тру́дное должно́ быть и са́мым интере́сным.

____

2. Мой па́па хоте́л, что́бы я учи́лся в Га́рвардском университе́те, а ма́ма — что́бы я поступи́л в университе́т в Вермо́нте, а я сам ещё не реши́л, где я хочу́ учи́ться.

____

3. Мы с дру́гом всегда́ спо́рим о му́зыке. Джон хо́дит то́лько на конце́рты класси́ческой му́зыки, а я люблю́ слу́шать всё: и кла́ссику и рок, е́сли э́то хоро́шая му́зыка.

____

4. Мне так нра́вятся коро́ткие причёски, а мой друг лю́бит то́лько дли́нные во́лосы, и я не зна́ю, что де́лать: идти́ к парикма́херу и́ли нет.

____

5. Ско́ро у меня́ день рожде́ния, и я хочу́ его́ отме́тить в рестора́не, но мое́й ма́ме э́то не о́чень нра́вится, она́ счита́ет, что мне ещё ра́но ходи́ть в рестора́н.

____

6. У нас в семье́ все лю́бят спорт. Ма́ма и па́па игра́ют в те́ннис, сестра́ пла́вает, и то́лько я игра́ю в ре́гби. Мне жаль, но в семье́ моя́ люби́мая игра́ никому́ не нра́вится.

____

7. Сейча́с в мо́де дли́нные ю́бки и пла́тья. Но моя́ сестра́ сказа́ла, что она́ всегда́ бу́дет носи́ть то́лько коро́ткие ю́бки, мо́дно э́то и́ли нет.

____

Упражне́ние 8 — (Б3) Write six Russian sentences naming things you are **за** (in favor of, agree with, like) or **про́тив** (object to, disagree with, dislike). Be sure to use nouns, rather than verb phrases.

1. ____

2. ____

3. ____

4. ____

5. ____

6. ____

Упражне́ние 9 — (Б5) Complete these sentences using the verbs **надева́ть/наде́ть, одева́ться/оде́ться,** and **одева́ть/оде́ть.**

1. Моя́ сестра́ о́чень лю́бит ________________________ по мо́де.
2. За́втра мы идём на конце́рт, и ма́ма сказа́ла, что́бы я ________________________ дли́нную ю́бку и краси́вую блу́зку.
3. Я так люблю́ джи́нсы, я могу́ ________________________ их ка́ждый день.
4. — Дава́й идём быстре́е! Мы опа́здываем!
   — Ты ви́дишь, я не могу́: мне ещё на́до ________________________ мою́ сестру́, она́ сама́ ещё не ________________________ .
5. Не зна́ю, что ________________________ . По ра́дио сказа́ли, что бу́дет дождь, а на у́лице тако́е хоро́шее со́лнце.
6. — Не понима́ю, почему́ ты не ________________________ свою́ кра́сную блу́зку?
   — Ты зна́ешь, она ста́ла мне мала́.
7. По-мо́ему, совсе́м нева́жно, как челове́к ________________________ . Ва́жно, как он говори́т и ду́мает.
8. — Как ты вчера́ вы́глядела на пра́зднике? Ты была́ в своём но́вом пла́тье?
   — Нет. Я ________________________ свой люби́мый кра́сный сви́тер и чу́вствовала себя́ в нём о́чень хорошо́ .

Упражне́ние 10 — (Б5) Choose from **оде́ть/одева́ть**, **надева́ть/наде́ть**, or **одева́ться/оде́ться**.

1. В де́тстве я люби́ла ________________________ мои́х ку́кол.
2. Ребя́та! Пора́ ________________________ плащи́ и идти́ на конце́рт. Уже́ по́здно, мы мо́жем опозда́ть.
3. — На у́лице кака́я температу́ра?
   — Не зна́ю, по-мо́ему, дово́льно хо́лодно. Я обяза́тельно ________________________. тёплое пальто́, сове́тую и тебе́ ________________________ тепло́.
4. Ле́том, когда́ жа́рко я не ________________________ дли́нные ю́бки, то́лько минию́бки.
5. — Ни́на, пойдём? Всё сде́лала?
   — Нет, мне ещё ну́жно ________________________ сы́на.
6. Когда́ моя́ ма́ма была́ молода́я, она́ люби́ла мо́дно ________________________.

Упражне́ние 11 — (Б5) Oral exercise. Tell what articles of clothing each of these persons is wearing or putting on. What is the grandmother doing?

1.

2.

3.

Упражне́ние 12 — (Б7) Oral exercise. Say whether these articles of clothing fit, or whether they are too big/small.

Образе́ц ▶ — Посмотри́, как сиди́т на мне э́тот сви́тер.
— По-мо́ему, он тебе́ немно́го вели́к (мал, как раз).

1. — Те́бе нра́вится э́тот костю́м? Как он сиди́т на мне?

2. — Мне идёт э́та ю́бка? Ты зна́ешь, э́та ю́бка мое́й ма́мы, но говоря́т, что сейча́с таки́е ю́бки в мо́де.

3. — Не зна́ю, каку́ю блу́зку вы́брать: э́ту бе́лую и́ли голубу́ю. Посмотри́, как они́ сидя́т на мне.

4. — Како́е краси́вое пальто́! Оно́ не сли́шком большо́е?

5. — Мне о́чень нужны́ чёрные ту́фли к но́вому пла́тью. Вот э́ти ту́фли мне нра́вятся, посмотри́, как они́ сидя́т на мне.

6. — Я вы́брала э́ту ку́ртку, потому́ что мне нра́вятся э́ти цвета́. Но я не ви́жу, как она́ сиди́т на мне.

7. — Кака́я краси́вая руба́шка! Она́ так идёт к моему́ костю́му. Но мне ка́жется, что она́ сли́шком ма́ленькая.

8. — Мне нра́вятся таки́е широ́кие брю́ки, как э́ти. Но я не зна́ю, как они́ к мое́й фигу́ре.

Упражнение 13 — (Б5) Complete Natasha and her husband's conversation by filling in the missing words.

(Звонóк будúльника.)

Натáша: Ужé вóсемь часóв, порá вставáть. Что я должнá дéлать сегóдня? Мне нáдо хорошó ______________________.
(dress)

Муж Натáши: Зачéм?

Натáша: Я берý интервью у манекéнщицы.

Муж Натáши: И у меня́ сегóдня интервью́. Хочý хорошó вы́глядеть. Что мне ______________________?
(wear)

Натáша: ______________________ твой нóвый сúний костю́м. Он ______________________.
(Put on) (looks good on you)

Муж Натáши: Хм. Лáдно. А какóй гáлстук? Мóжет быть, вот э́тот, крáсный? Он ______________________ костю́му?
(looks good)

Натáша: По-мóему, да. Ты прекрáсно вы́глядишь. А я ______________________
(will put on)
úли ______________________ úли
(this yellow blouse and green skirt)
______________________. Как ты дýмаешь?
(this brown dress)

Муж Натáши: ______________________.
(I like the dress better)
______________________.
(It looks good on you)

Натáша: Спасúбо. Я так и сдéлаю. А вот э́ти тýфли.

Муж Натáши: Онú не ______________________ тебé?
(too big)

Натáша: Нет, что ты! Онú ______________________.
(just right)

Муж Натáши: А где сын? Он ужé ______________________? Порá в шкóлу. ______________________ мы не слы́шим егó?
(got dressed) (Why)

Натáша: Конéчно он ужé ______________________. Дýмаешь, что он ещё мáленький и что нам нáдо ______________________?
(got dressed) (to dress him)

Упражнение 14 — (Б7) Find responses for the numbered statements and questions. There is one extra answer.

1. — Как мне э́тот но́вый га́лстук?
2. — Почему́ ты не надева́ешь свою́ кори́чневую ю́бку? Она́ тебе́ коротка́?
3. — У кого́ са́мый хоро́ший вкус из твои́х друзе́й?
4. — Наде́нь э́ту шля́пу. Я хочу́ ви́деть, как ты вы́глядишь в ней.
5. — Посмотри́ на Ни́ну. Тебе́ нра́вится, как э́то пла́тье сиди́т на ней?
6. — В Аме́рике лю́ди иногда́ надева́ют оде́жду на соба́к. Что ты ду́маешь об э́том?

____ — Да. Ей о́чень идёт оно́.

____ — Наве́рное у Мари́ны. Она́ всегда́ краси́во одева́ется.

____ — Не хочу́. Сра́зу ви́жу, что она́ мне велика́.

____ — По-мо́ему, он о́чень идёт тебе́.

____ — Да, они́ тебе́ как раз.

____ — Ну, э́то сли́шком. Но е́сли пого́да о́чень холо́дная ...

____ — Ой, она́ длинна́. И цвет мне не нра́вится.

Упражнение 15 — (Г1) Use **нра́вится, идёт, как раз, мало́, велико́, длинно́**, or **ко́ротко** to react to or comment on these statements.

Образе́ц ▶ — Ната́ша всегда́ покупа́ет всё кра́сное.
— Ей нра́вится/идёт кра́сный цвет.

1. — Как хорошо́ сиди́т на Ма́ше э́то пальто́.

— ____.

2. — Мне ка́жется, э́тот сви́тер не идёт Ире.

— ____.

3. — Чья э́то ю́бка? Она́ о́чень мо́дная.

— Это ю́бка мое́й ба́бушки.

— ____.

4. — У моего́ ста́ршего бра́та есть краси́вая ку́ртка. Я о́чень хочу́ наде́ть её.

— ____.

5. — Вчера́ я сши́ла э́ту блу́зку.

— ____.

6. — Мне подари́ли э́ти брю́ки.

— ____.

7. — Ко́стя но́сит то́лько голубы́е руба́шки.

— ____.

8. — Я ча́сто ви́жу тебя́ в музе́ях.

— ____.

УПРАЖНЕ́НИЕ 16 — (Г4) Write a sentence that logically follows what is said below.

Образе́ц ▶ — Вчера́ у Ната́ши был хоро́ший ве́чер, мы мно́го разгова́ривали, пе́ли, танцева́ли.
— Нам бы́ло о́чень ве́село и интере́сно.

1. — Ве́чером у Иры боле́ло го́рло, она́ совсе́м не могла́ разгова́ривать.
   — ____.
2. — Вчера́ я пошёл в кино́. Фильм был тако́й неинтере́сный, что я не стал смотре́ть его́ до конца́.
   — ____.
3. — На уро́ке исто́рии наш учи́тель мно́го расска́зывал об Аля́ске. Бы́ло мно́го вопро́сов, как и почему́ Росси́я продала́ её.
   — ____.
4. — Вчера́ на у́лице бы́ло 20 гра́дусов и о́чень си́льный ве́тер, а Ви́ктор наде́л то́лько ку́ртку.
   — ____.
5. — Я бу́ду ле́том жить в Балтимо́ре. Кака́я здесь пого́да ле́том?
   — Ле́том здесь о́чень высо́кая температу́ра.
   — ____.
6. — Мели́сса была́ зимо́й в Москве́. Она́ мно́го говори́ла по-ру́сски, и все лю́ди хорошо́ понима́ли её.
   — ____.
7. — Ната́ша должна́ была́ перевести́ статью́ с ру́сского на англи́йский. Статья́ была́ о́чень тру́дная, Ната́ша мно́го рабо́тала со словарём, но всё-таки перевела́ всё до конца́.
   — ____.
8. — Мои́ роди́тели ле́том отдыха́ли на мо́ре одни́, без нас. Была́ хоро́шая пого́да, они́ прие́хали о́чень дово́льные о́тдыхом.
   — ____.

УПРАЖНЕ́НИЕ 17 — (Г4) Скажи́те, кому́?

1. — Ира, помоги́ ______________ сшить блу́зку. ______________ о́чень нра́вится моде́ль, но я не всё уме́ю де́лать.
   — Я помогу́ ______________ с удово́льствием.

2. Ка́тя и Ни́на пошли́ в магази́н. Ка́тя посове́товала ______________ купи́ть бе́лый сви́тер, потому́ что он о́чень шёл ______________

3. — Скажи́ ______________, пожа́луйста, о чём вы разгова́ривали с Игорем.
— Сейча́с я ничего́ не могу́ сказа́ть ______________, за́втра ты сам всё узна́ешь.

4. — Кто связа́л ______________ э́тот сви́тер?
— Никто́. Я связа́ла его́ сама́. Хо́чешь, я свяжу́ ______________ тако́й же?

5. — Сего́дня я получи́л письмо́ от Игоря. Пожа́луйста, напиши́ и́ли позвони́ ______________. Он о́чень волну́ется.

6. — Ско́ро у сестры́ и бра́та день рожде́ния и я не зна́ю, что ______________ подари́ть. ______________ я, наве́рное, куплю́ блу́зку, а ______________—га́лстук.

7. Учи́тель был ле́том в Москве́. Когда́ он прие́хал, он подари́л ______________. ______________ краси́вые откры́тки.

8. — Если вы не зна́ете, куда́ вам идти́, лу́чше всего́ спроси́ть у милиционе́ра, он ска́жет ______________, как лу́чше пройти́ туда́ и́ли сюда́.

Упражне́ние 18 — (Ё) **Use this grid to design a crossword puzzle, using the new words of this lesson. Be sure that every word intersects at least one other word. Compare your puzzle with your classmates' puzzles to see who was able to find places for the most new words.**

Упражнéние 19 — (Ё) Complete this crossword.

1		2						■	■	■	3		4
	■		■	■	■	■	■	■	5	■		■	
6			■	■	■	7							■
	■		■	8	■		■	■		■		■	9
10							■	11			■	12	
	■		■		■		■	■		■	13		
	■	14	15	■	■		■	■	■	■		■	
	■	■		■	16			17		■		■	
18				■	■	■	■		■	■	19		■
	■	■	■	■	■	20				21		■	22
23		24			25	■	■		■		■	26	
■	■		■	■	27			■	28			■	

По горизонтáли

1. Человéк, котóрый создаёт нóвые модéли мóды.
3. Я — мной, ты — тобóй, он — им, онá — ей, мы — нáми, вы — вáми, они́ — ____.
6. У меня́ ____ брáта и́ли сестры́.
7. Как ты дýмаешь, Бог мог ____ мир за шесть дней?
10. Собáка — щенóк, кóшка — ____.
11. Маши́на — что, ти́гр — ____.
12. Это мéсто — егó, а ... мéсто — её.
13. Что ты бýдешь, кóлу и́ли ____?
14. Эта кýкла — подáрок ____ её мáмы.
16. Мне не óчень нрáвится ____ э́того плáтья.
18. Моя́ подрýга сказáла, что нóвая ю́бка óчень ____ мне.
19. Мой друг прóтив э́тих плáнов, а я выступáл ____ них.
20. ____ тебé нрáвятся э́ти брю́ки? Я дýмаю, что они́ тебé велики́.
23. Сáмые хорóшие модельéры рабóтают в э́том ____ в цéнтре.
26. Онá улыбнýлась ____ рáдости, когдá онá уви́дела, как хорошó плáтье сидéло на ней.
27. Вчерá он óчень устáл и ____ спать в дéвять.
28. Я слы́шал, что онá былá манекéнщицей ____ машини́сткой.

По вертикáли

1. Мне óчень нрáвится, как покáзывает одéжду э́та ____.
2. Молодóе врéмя жи́зни — э́то ____.
3. Мы бýдем ____ в шкóлу зáвтра ýтром. Хóчешь пойти́ с нáми?
4. Это мои́ консервати́вные роди́тели. ____ неизвéстно э́то ателье́ мóды.
5. Онá не моглá ____ и откры́ла мне э́тот секрéт.
7. Вы дóлжны пóмнить оди́н ____: нáдо носи́ть вéщи, котóрые идýт тóлько вам.
8. Говоря́т, что нет человéка ____ мóды.
9. В э́том ателье́ весéнний ____ мод бýдет 21-ого.
12. Как говоря́т: «Если ты не молодéц, ____ и свинья́ не красáвица!»
13. Он консервáтор. Он не ____ нóсит костю́мы нóвого сти́ля.
15. ____, та, то, те.
17. Вчерá ребёнок не хотéл ____ спать, когдá нáдо бы́ло.
21. Как ты дýмаешь, ми́лая, э́тот пиджáк мне ____?
22. Ли́лия, ____ ты надéнешь на бал? Нóвое вечéрнее плáтье?
24. Спаси́бо, но я не ____ икрý.
25. Всё бы́ло óчень вкýсно. Мой брат ____ пельмéни, а я — ры́бу.

Деся́тый урок

«Душа́ должна́ ве́рить»

Упражне́ние 1 — (A1) Find completions for each of the numbered sentences. There is one extra answer.

1. В Дани́ловском монастыре́ уже́ давно́ . . .
2. Свяще́ник говори́т, что гла́вное в их рабо́те, э́то . . .
3. В э́том отделе́нии так же есть связь . . .
4. В 1988 году́ отмеча́ли . . .
5. Оте́ц Ива́н говори́т, что его́ па́па не ве́рил в Бо́га, а что . . .
6. Оте́ц Ива́н год учи́лся в те́хникуме . . .
7. В а́рмии зна́ли, что оте́ц Ива́н ве́рующий, . . .

____ тысячеле́тие креще́ния Росси́и.

____ а пото́м служи́л в а́рмии.

____ не живу́т мона́хи.

____ с други́ми рели́гиями и в Росси́и и в други́х стра́нах.

____ свя́зи с правосла́вной це́рковью и правосла́вными людьми́.

____ но у него́ не́ было тру́дностей.

____ он правосла́вный.

____ его́ ма́ма ве́рующая и он ходи́л с ней в це́рковь.

Упражне́ние 2 — (A4) Convert these sentences using short form past passive participles into sentences with the verb in the past tense. Follow the example.

Образе́ц ▶ Кем закры́т э́тот теа́тр?
Кто **закры́л э́тот теа́тр**?

1. Портре́т подру́ги нарисо́ван знамени́тым худо́жником.

   Знамени́тый худо́жник ______________________________.

2. Э́тот рома́н уже́ прочи́тан бра́том.

   Брат ______________________________.

3. Уро́к вы́учен на́шим кла́ссом.

   Наш класс ______________________________.

4. Телеви́зор вы́ключен.

Па́па ____.

5. Это зда́ние постро́ено в 1796 году́.

Францу́зы ____.

6. Эта статья́ уже́ напеча́тана газе́той «Пра́вда».

Газе́та «Пра́вда» ____.

Упражне́ние 3 — (A4) Convert these sentences according to the model.

Образе́ц ▶ Мой друг написа́л интере́сный расска́з о соба́ках.
Интере́сный расска́з о соба́ках **напи́сан мои́м дру́гом.**

1. Бори́с нарисова́л э́тот ко́микс.

Этот ко́микс ____.

2. Парла́мент уже́ реши́л э́тот вопро́с.

Этот вопро́с уже́ ____.

3. Мы зако́нчили седьмо́й уро́к.

Седьмо́й уро́к ____.

4. Америка́нцы постро́или э́тот большо́й дом.

Этот большо́й дом ____.

5. Я откры́л о́кна.

Окна ____.

6. Учи́тель прочита́л все упражне́ния.

Все упражне́ния ____.

7. Мы купи́ли портре́т ма́мы на Арба́те.

Портре́т ма́мы ____.

Упражне́ние 4 — (A4) Rewrite these sentences using short form past passive participles.

1. Достое́вский написа́л рома́н «Бра́тья Карама́зовы» в девятна́дцатом ве́ке.

____

____

2. Сочинéния, котóрые вчерá написáли студéнты, мóжет быть стáнут извéстными в бýдущем вéке.

3. А. С. Пýшкин написáл пьéсу «Бори́с Годунóв», а Мýсоргский написáл мýзыку для óперы.

4. Кто бýдет решáть задáчи по математи́ке? Дéвушки и́ли мáльчики?

5. Что бы́ло напи́сано рáньше: икóна «Трóица» и́ли карти́на «Явлéние Христá нарóду»?

УПРАЖНÉНИЕ 5 — (A4) Rewrite these sentences using past passive participles.

1. Большóй теáтр пострóили в девятнáдцатом вéке.

2. Это здáние кóнчат стрóить óсенью.

3. Тури́сты хотéли посмотрéть карти́ны в Третьякóвской галерée, но её закры́ли. А открóют её, к сожалéнию, тóлько чéрез мéсяц.

4. Посмотри́те, какóй юмористи́ческий, замечáтельный рисýнок нарисовáла балери́на.

Упражне́ние 6 — (A4) Complete this crossword by writing in the short form past passive participles formed from the verbs listed at the right. Write them in the gender and number forms indicated.

1. купи́ть (m.s.)
2. постро́ить (f.s.)
3. распрода́ть (n.s.)
4. написа́ть (f.s.)
5. убра́ть (m.s.)
6. собра́ть (pl.)
7. забы́ть (n.s.)

Упражне́ние 7 — (A4) Convert these sentences according to the model. Keep in mind that sentences may be in the past, present, or future.

Образе́ц ▶ Мы зако́нчим э́тот уро́к в пя́тницу
В пя́тницу э́тот уро́к **бу́дет зако́нчен**

1. Я напишу́ письмо́ ма́ме за́втра.

   Письмо́ ма́ме ______________________________.

2. Шко́льники прочита́ли зада́ние за час.

   Зада́ние ______________________________.

3. Учи́тель рассказа́л исто́рию э́того зда́ния.

   Исто́рия э́того зда́ния ______________________________.

4. Откро́ют э́тот магази́н в де́сять.

   Э́тот магази́н ______________________________.

5. Моя́ сестра́ написа́ла все зада́чи.

   Все зада́чи ______________________________.

Упражнение 8 — (A4) Respond to the questions, using a short form past passive participle. Follow the example.

Образе́ц ▶ — Ты уже́ написа́л статью́?
— Да, статья́ уже́ напи́сана.

1. — Ты уже́ зако́нчил рабо́ту?

2. — Роди́тели уже́ постро́или дом?

3. — Магази́н уже́ закры́ли?

4. — Мари́на уже́ нарисова́ла портре́т?

5. — Ма́ма сши́ла блу́зку?

6. — Пе́тя реши́л зада́чу?

7. — В Твери́ откры́ли но́вую це́рковь?

8. — В Москве́ мно́го лет закры́т Истори́ческий музе́й. Его́ уже́ реставри́ровали?

Упражнение 9 — (A4) Скажи́те по-друго́му.

Образе́ц ▶ Лев Толсто́й зако́нчил рома́н «Война́ и мир» в 1869 году́.
Рома́н «Война́ и мир» был зако́нчен в 1869 году́.

1. Зи́мний дворе́ц в Санкт-Петербу́рге постро́ил архите́ктор Растре́лли.

2. Бале́т «Лебеди́ное о́зеро» написа́л Чайко́вский в 1876 году́.

3. Моско́вский университе́т основа́л Ломоно́сов в 1755 году́, он же написа́л и пе́рвую ру́сскую грамма́тику.

4. Джеймс Ме́дисон написа́л конститу́цию США в 1787 году́.

5. Са́мую изве́стную ру́сскую ико́ну «Тро́ица» написа́л Андре́й Рублёв в нача́ле XV ве́ка.

6. Пе́рвые фотогра́фии Ири́на сде́лала, когда́ ей бы́ло 12 лет.

Упражне́ние 10 — (А6) Переведи́те на ру́сский язы́к.

1. **They believe in themselves. They know that they will succeed.**

2. **Do you trust the words of that man, when he says that all is well?**

3. **We believe in the victory of our team. They will win tomorrow.**

4. **I trust my friend. She will tell me the truth.**

5. **Father Ivan has believed in God all his life.**

6. **Whom do you trust?**

7. **My classmates told me that our teacher didn't assign any homework. Can I trust them?**

Упражнение 11 — (А6) Find completions for each of the numbered sentences below. There is one extra answer.

1. Мы с Андре́ем больши́е друзья́. Мы . . .
2. Этот челове́к всегда́ мно́го обеща́ет, но ма́ло де́лает. Мы не . . .
3. Мои́ друзья́ хоро́шие лю́ди, живу́т споко́йно, де́лают добро́. Я ду́мал, что они́ ве́рующие, но говоря́т, что . . .
4. Это необыкнове́нно хоро́шая семья́. Ка́ждый из них де́лает то, что обеща́ет. Мы все . . .
5. Эта же́нщина всегда́ зна́ет, как на́до поступа́ть, зна́ет куда́ она́ идёт. Мо́жно сказа́ть, что она́ твёрдо . . .
6. Мы живём непло́хо, но и не совсе́м хорошо́. Мы уве́рены, что че́рез не́сколько лет бу́дет гора́здо лу́чше. Мы . . .
7. Мать зна́ет, что дочь ста́нет врачо́м и бу́дет помога́ть лю́дям. Мать . . .
8. Если ма́ма сказа́ла, что так и есть, э́то зна́чит, что э́то так. Мо́жно всегда́ . . .

____ ве́рят друг дру́гу.

____ ве́рим э́тому поли́тику.

____ ве́рит в дочь.

____ ве́рим их слова́м.

____ ве́рим в бу́дущее.

____ ве́рит в себя́.

____ ве́рим друг дру́гу.

____ не ве́рят в Бо́га.

____ ве́рить её слова́м.

Упражнение 12 — (Б1) **Oral Exercise.** Retell Father Ivan's life story, using the illustrations to remind you of the events.

Расска́з отца́ Ива́на.

Мы жи́ли в дере́вне, о́тец не ве́рил в Бо́га, но ....

Я учи́лся в дереве́нской шко́ле во́семь лет, пото́м два го́да е́здил в шко́лу в го́род. Рабо́тал, год учи́лся в те́хникуме, а пото́м ....

По́сле а́рмии учи́лся в Моско́вской духо́вной семина́рии, пото́м в акаде́мии.
Сейча́с рабо́таю в церко́вном о́фисе в Дани́ловском монастыре́. У нас хоро́шая оргте́хника ....

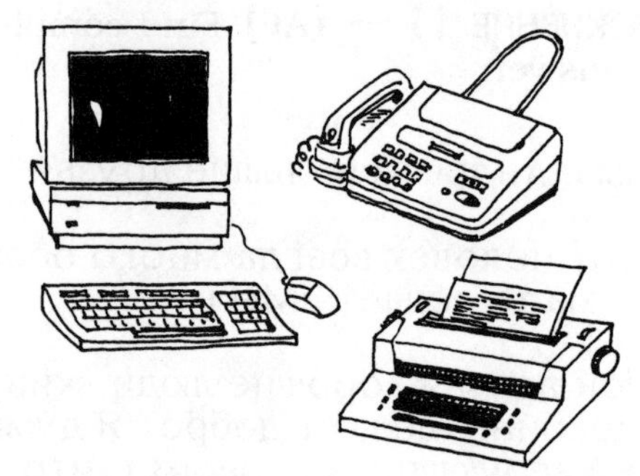

Ещё я свяще́нник в це́ркви в Коломе́нском. Там у нас воскре́сная шко́ла для дете́й.
Я живу́ с жено́й под Москво́й. Когда́ е́ду на электри́чке, люблю́ ....

Когда́ у меня́ свобо́дное вре́мя, люблю́ ....

Но, извини́те, ско́ро у меня́ начина́ется слу́жба,

поэ́тому мне пора́ ...

Упражне́ние 13 — (Б4) Review indirect speech in Russian. Report what each person said. Follow the model.

Ива́н: У тебя́ есть брат?
Ива́н спроси́л меня́, есть ли у меня́ брат.

1. Ната́ша: Оте́ц Ива́н, вы всегда́ ве́рили в Бо́га?

   Ната́ша спроси́ла отца́ Ива́на, ____________________________________.

2. Ната́ша: Оте́ц Ива́н, чем вы занима́етесь?

   Ната́ша спроси́ла отца́ Ива́на, ____________________________________.

3. Ма́ма: Сыно́к, где ты был весь ве́чер?

   Ма́ма спроси́ла сы́на, ____.

4. Учени́к: Ива́н Петро́вич, у вас есть де́ти?

   Учени́к спроси́л Ива́на Петро́вича, ________________________________.

Упражнéние 14 — (Б4) Скажи́те, кто что спроси́л.

Образéц ▶ Разговáривают Джон с Вади́мом.
— В Москвé тóлько правослáвные цéркви и собóры?
— В Вашингтóне есть правослáвная цéрковь?

Джон спроси́л Вади́ма, тóлько ли правослáвные собóры и хрáмы в Москвé.
Вади́м спроси́л Джóна, есть ли правослáвная цéрковь в Вашингтóне?

1. Разговáривают Мели́сса и Ира.

— Мнóго молоды́х людéй хóдит в цéрковь?

— В Амéрике мóжно посмотрéть рýсские фи́льмы?

____

____

____

2. Разговáривают Брáйан и Игорь.

— В Росси́и мóжно купи́ть икóны?

— Ты был в рýсской цéркви?

____

____

____

3. Разговáривают Ди́на и Натáша.

— В Москвé мнóго церквéй? В Москвé стрóят нóвые цéркви?

— У вас в клáссе мнóго вéрующих?

____

____

____

4. Разговáривают Рон с Ники́той.

— В Москвé выступáют америкáнские свящéнники?

— В америкáнской цéркви мóжно сидéть?

____

____

____

Упражнéние 15 — (Г1) Complete these sentences by translating the English.

1. — Ты знáешь в какóй странé лю́ди бóльше всегó ______________________? (believe in God)

   — Не знáю. Мóжет быть, в Итáлии.

2. Это прóсто замечáтельно, когдá стáрые лю́ди ______________________. (fall in love with each other)

3. Когдá емý бы́ло шестнáдцать лет, Юра уви́дел карти́ну «На я́рмарке», и ______________________. (fell in love with it)

4. Какóй он краси́вый! Все дéвушки ______________________ (fall in love with him) как тóлько он появля́ется на сцéне. И он так хорошó танцýет. Ви́дно, что он вклáдывает дýшу в тáнец.

5. Когдá читáешь газéты, смóтришь телеви́зор и ви́дишь, как лю́ди относятся друг к дрýгу, трýдно ______________________. (believe in good)

Упражнéние 16 — (Ё) Solve this crossword puzzle using words which name male members of religious groups. The first letter of each noun is given for you.

УПРАЖНЕ́НИЕ 17 — (Ё) Solve this crossword puzzle.

По горизонта́ли

1. ____ э́того уро́ка — э́то его́ слова́.
4. Э́тот мужчи́на — ____. Он ча́сто хо́дит в синаго́гу.
8. Я хочу́ ____, что добро́ победи́т, но я ду́маю, что не всегда́.
10. В э́той семье́ молоды́е лю́ди ____ ве́рят в Бо́га.
11. В правосла́вной це́ркви ____ не мо́жет жени́ться.
16. Э́то Мари́на. В ____ кварти́ре есть замеча́тельная ико́на 18-ого ве́ка.
19. Ме́сто, где мо́лятся евре́и, называ́ется ____.
21. В э́том ме́сяце мно́го де́вушек и ю́ношей же́нятся.
23. ____ Влади́мир при́нял христиа́нство в 988-ом году́.
24. Как вы ду́маете, он ве́рит в Бо́га ____ нет?
26. Религио́зная кни́га христиа́н называ́ется ____.
28. Роди́тели не хотя́т слу́шать но́вую пласти́нку. Э́та му́зыка ____ не нра́вится.
29. Мой друг като́лик, ____ он хо́дит на правосла́вную слу́жбу.

По вертика́ли

2. Мой де́душка встаёт о́чень ____, часо́в в пять.
3. Оте́ц Ива́н говори́т, что ____ отдыха́ет, когда́ смо́трит на ико́ну.
5. Ма́ша о́чень лю́бит икру́, но я её не ____.
6. Роди́тели пригласи́ли ро́дственников и друзе́й на ____ своего́ ребёнка.
7. Ви́ктор сказа́л, что его́ ба́бушка ____, а его́ де́душка не ве́рит в Бо́га.
8. С — со, к — ко, в — ____.
9. Лев не говори́л о ____, что ско́ро его́ день рожде́ния.
11. Ме́сто религио́зных слу́жб для мусульма́на называ́ется ____.
12. Где сейча́с ваш брат, ____ рабо́те?
13. Оте́ц Ива́н рассказа́л, что его́ ма́ма всегда́ де́лала ____ лю́дям.
14. Когда́ бу́дет церко́вная ____ за́втра?
15. Его́ оте́ц написа́л изве́стный уче́бник ____ исто́рии рели́гии.
17. Ви́ка сказа́ла, что она́ придёт к нам, как то́лько она́ ____ дома́шние зада́ния.
18. Ва́ша ____ — э́то страна́, где вы родили́сь.
20. Оте́ц Ива́н сказа́л, что гла́вное — ____ с други́ми рели́гиями.
22. Все зна́ют его́ ____. Он о́чень популя́рный рок-музыка́нт.
25. Па́па спроси́л, хоти́м ____ мы пое́хать с ним в центр.
27. Его́ роди́тели прие́хали сюда́ ____ Пско́ва.

Одиннадцатый урок

«Балéт–это рабóта для меня́!»

Упражнéние 1 — (A2) Find logical completions for these numbered phrases. There is one extra completion.

1. Натáша говори́т, что когдá лю́ди дýмают о балéте, ...
2. Лéна говори́т, что физи́ческое напряжéние ....
3. Лéна занимáлась спорти́вной гимнáстикой, ...
4. Роди́тели Лéны жалéют её, ...
5. Роди́тели Лéны гордя́тся, ...
6. Лéна говори́т, что нáдо не тóлько сидéть на диéте ....

____ но потóм упáла и стáла боя́ться спóрта.

____ для неё рáдость.

____ они́ ви́дят прáздник: сцéна, цветы́, аплодисмéнты.

____ онá не моглá не танцевáть.

____ когдá они́ ви́дят, как тяжелó онá рабóтает.

____ когдá ви́дят её на сцéне.

____ нýжно ещё и рабóтать, как рабóтают балери́ны.

Упражнéние 2 — (A5) Change the sentences and use **éсли бы**.

Образéц ▶ Инна заболéла и не пошлá на рабóту.
Если бы Инна не заболéла, онá пошлá бы на рабóту.

1. Сóня познакóмилась с Гри́шей и вы́шла зáмуж за негó.

____

2. Натáша умéет говори́ть по-англи́йски и помогáет мýжу переводи́ть с рýсского на англи́йский.

____

3. Анна Афанáсьевна лю́бит мýльтик «Трóе из Простоквáшино» и чáсто смóтрит егó.

____

Упражнение 3 — (A5) Combine these sentences using **éсли бы** to tell about actions that can (or cannot) occur under the conditions named. Follow the example.

Образéц ▶ Идёт дождь. Мы не пойдём на матч.
Если бы шёл дождь, мы не пошли́ бы на матч.

1. Сли́шком хóлодно. Я не бýду плáвать в рекé.

___

2. Мáма не разреши́т. Мы не поéдем в кинó.

___

3. Он плóхо ýчится. Он не поéдет в Росси́ю.

___

4. Я не готóвлю текст. Я не понимáю его.

___

5. Елизавéта зарабáтывает больши́е дéньги. Онá кýпит себé нóвую маши́ну.

___

6. Моя́ сестрá говори́ла тóлько по-рýсски в Петербýрге. Онá говори́т и понимáет горáздо лýчше.

___

___

Упражнение 4 — (A5) Write five sentences using **éсли бы** and tell something you would like to do but cannot. Follow the example.

Образéц ▶ Если бы у меня́ былá своя́ маши́на, я бы поéхал во Флори́ду.

1. ___

2. ___

3. ___

4. ___

5. ___

УПРАЖНЕ́НИЕ 5 — (A5) Complete these conditional sentences using **бы** and naming a logical outcome.

1. Если бы я хорошо́ знал ру́сский язы́к, ______________________________
______________________________.

2. Если бы у меня́ бы́ли больши́е де́ньги, ______________________________
______________________________.

3. Если бы мой брат был лётчиком, ______________________________
______________________________.

4. Если бы у меня́ бы́ли музыка́льные спосо́бности, ______________________________
______________________________.

5. Если бы мы жи́ли в Сиби́ри, ______________________________
______________________________.

6. Если бы у меня́ бы́ли музыка́льные спосо́бности, ______________________________
______________________________.

7. Если бы я хоте́л, ______________________________
______________________________.

8. Если бы у меня́ была́ своя́ маши́на, ______________________________
______________________________.

9. Если бы у меня́ была́ си́ла во́ли, ______________________________
______________________________.

10. Если бы я полете́л в ко́смос, ______________________________
______________________________.

11. Если бы я был учи́телем, ______________________________
______________________________.

12. Если бы я не учи́л ру́сский язы́к, ______________________________
______________________________.

Упражне́ние 6 — (Б1) Which idiomatic uses of **сиде́ть** and **идти́** are illustrated?

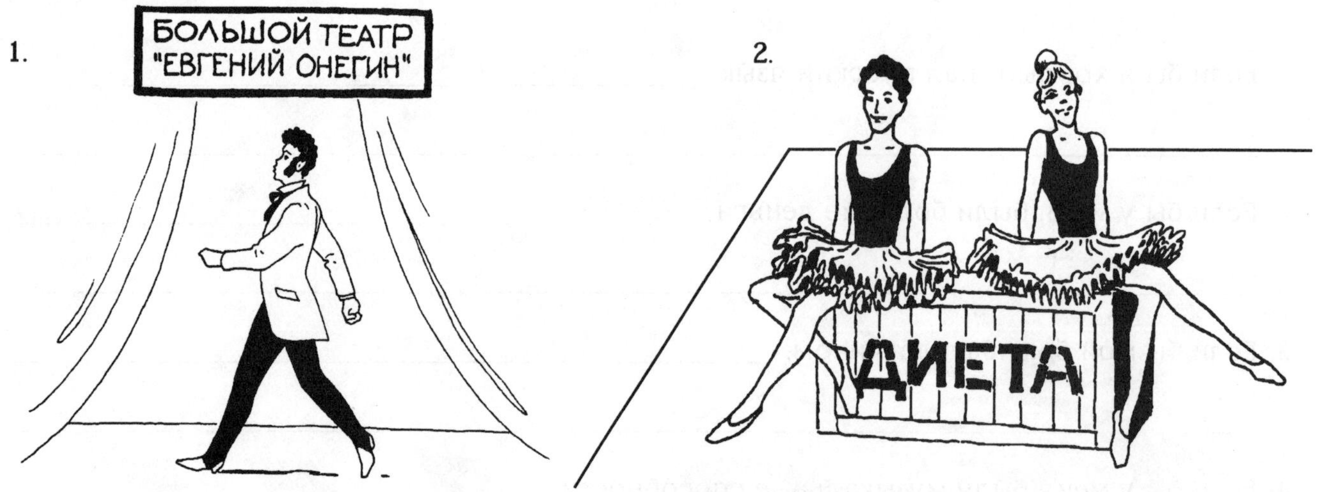

Упражне́ние 7 — (Б1) Match these sentence parts based upon the information in the interview on pages 299-300 of the text. There is one extra completion choice.

1. Ле́на ко́нчила бале́тное учи́лище в Петербу́рге ....
2. Её люби́мая па́ртия — ....
3. В семье́ муж Ле́ны ....
4. Одно́ из жела́ний Ле́ны — э́то ....

____ мно́го есть и быть худо́й.

____ живёт ещё в Санкт-Петербу́рге.

____ и мно́го лет рабо́тала в Ма́лом теа́тре о́перы и бале́та.

____ де́лает всё: гото́вит, шьёт, вя́жет, рабо́тает в саду́.

____ «Зо́лушка» Серге́я Проко́фьева.

Упражне́ние 8 — (Б4) Write in the following theatrical words on the illustration on page 129. Use **програ́ммка, дирижёр, второ́й ряд, орке́стр, ме́сто, балери́на, шесто́е ме́сто, музыка́нт, компози́тор, кули́сы, ме́сто но́мер двена́дцать, пе́рвый ряд, звоно́к, сце́на.**

Упражне́ние 9 — (Б5) Write completions for these sentences, following the example. Your completions should answer the questions **Куда́?** and **На что?**

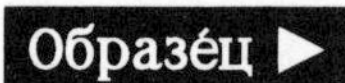

Дава́й пойдём ....
Дава́й пойдём **в Большо́й теа́тр на «Бори́са Годуно́ва».**

1. Ребя́та купи́ли биле́ты ____.
2. Вчера́ мы ходи́ли ____.
3. Я бы ка́ждый день ходи́л ____.
4. Ви́тя с Ми́шей пошли́ ____.
5. Дава́йте поéдем ____.

МАЛЫЙ ТЕАТР

Упражне́ние 10 — (Б5) Translate.

1. I want to see a Russian opera. Let's go to the Bolshoi Theater to "Eugene Onegin."

2. We could go to "The Bath" at the Theater of Satire.

3. I have never gone to a ballet, except for "Cinderella."

4. "Romeo and Juliet" is at the Central Children's Theater this evening.

5. I think that Sasha has an extra ticket to "The Blue Bird."

6. We would have bought tickets to "The Little Boy and Carlson," but they were sold out.

Упражне́ние 11 — (Б5) Read these unmatched conversation parts. Tell in writing who is talking to whom and to which theater, to which play, opera, or ballet these people are planning to go or have already gone. Follow the example.

— Ири́на, я купи́ла биле́ты в Большо́й теа́тр на воскресе́нье. Приглаша́ю тебя́.
— Спаси́бо, Ни́на. Это прекра́сно. В воскресе́нье идёт моя́ люби́мая о́пера «Бори́с Годуно́в».

Образе́ц ▶ Ири́на и Ни́на пойду́т в Большо́й теа́тр на о́перу «Бори́с Годуно́в».

— Мне не понра́вилось, как вчера́ танцева́л Петро́в. По-мо́ему, невысо́кие прыжки́ и ви́дно бы́ло напряже́ние. А ты что ду́маешь, Ле́на?

— Андре́й, ты не зна́ешь, в како́м теа́тре тепе́рь танцу́ет Макси́мова?

— Ка́тя, у меня́ есть биле́ты в Ма́лый теа́тр, на «Во́лки и о́вцы», как ты хоте́ла.

— Макси́мова? В Кремлёвском. Она́ танцу́ет гла́вную па́ртию в бале́те «Аню́та». Я возьму́ биле́ты на суббо́ту.

— Не зна́ю, Та́ня, что сказа́ть. Петро́в совсе́м неда́вно на́чал танцева́ть в бале́те «Дон Кихо́т».

— Очень здо́рово, Воло́дя! Я давно́ хоте́ла пойти́ в Ма́лый теа́тр.

1. ____.

2. ____.

3. ____.

Упражне́ние 12 — (Б8) Read these sentences, then tell for which opera, ballet, concert, or film these people bought tickets. Follow the example.

Образе́ц ▶ Ле́на хо́чет посмотре́ть но́вый фильм режиссёра Ники́ты Михалко́ва. **Ле́на купи́ла биле́т на фильм.**

1. Марья́на хо́чет посмотре́ть в теа́тре пье́су Че́хова «Три сестры́».

____

2. Арка́дий хо́чет послу́шать о́перу П. И. Чайко́вского «Евге́ний Оне́гин».

____

3. Ольга хо́чет посмотре́ть бале́т Серге́я Проко́фьева «Зо́лушка».

____

4. Илю́ша хо́чет пойти́ на конце́рт музыка́нта, кото́рый игра́ет на фаго́те.

____

5. Юра хо́чет послу́шать конце́рт гру́ппы «Маши́на вре́мени».

____

6. Мы хоти́м посмотре́ть но́вый америка́нский фильм.

____

Упражне́ние 13 — (Б11) Add labels to this drawing of theatrical seating. Use **балко́н, амфитеа́тр, партёр, ло́жа, пе́рвый ряд,** and **ме́сто но́мер оди́н.**

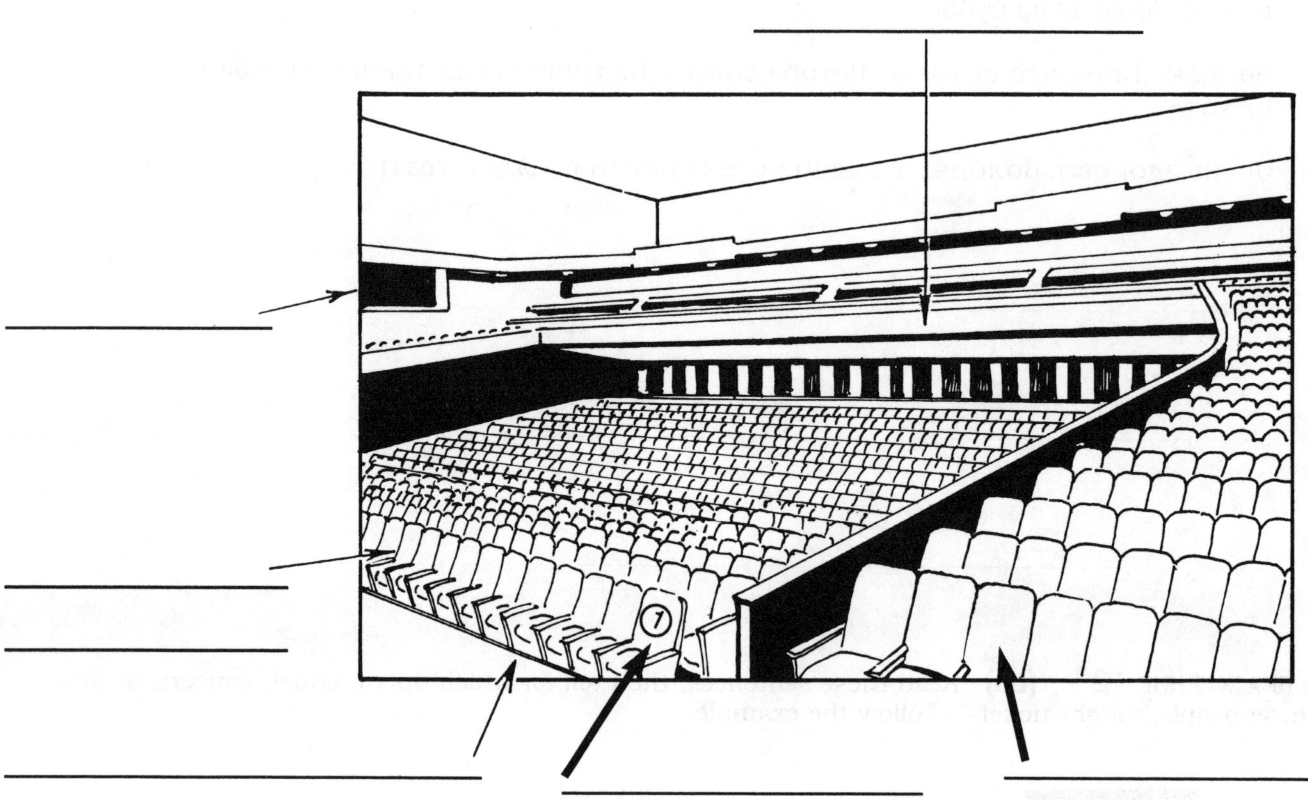

Упражне́ние 14 — (Б12) Напиши́те о спекта́кле, на кото́ром вы бы́ли. Како́й э́то спекта́кль? Где вы купи́ли биле́ты? Где он шёл? Кто с ва́ми ходи́л туда́? Где вы сиде́ли? Кто игра́л в спекта́кле? Вам понра́вился спекта́кль? Почему́? Вы посове́товали бы друзья́м пойти́ на э́тот спекта́кль? Напиши́те 10-15 предложе́ний.

УПРАЖНЕ́НИЕ 15 — (Б12) **ORAL EXERCISE.** Describe the theater visit of the young couple pictured below. Give as many details as you can, basing your narration upon the drawings.

1.

ТЕАТР ОПЕРЫ И БАЛЕТА

КАССА

СЕГОДНЯ

Лебединое озеро

2.

ГАРДЕРОБ

3.

Серия ДД

Б/ш. №

17 МАЯ

Начало в 19 часов

000313

ЛЕБЕДИНОЕ ОЗЕРО

ЛОЖА 2-го ЯРУСА

МЕСТО 1

Правая сторона

Государственный ордена Ленина академический

БОЛЬШОЙ ТЕАТР СССР

пр. Маркса, д. 8/2

Телефон: 292-00-50

КОНТРОЛЬ

4.

5.

Упражне́ние 16 — (Г3) Write the correct forms of the verb **горди́ться**.

Разгово́р с му́жем и
до́чкой балери́ны Ле́ны Леленко́вой

Ната́ша: Скажи́те, Бори́с, что вы чу́вствуете, когда́ ви́дите жену́ на сце́не? Вы бои́тесь за неё и́ли ________________________________?

Бори́с: И бою́сь, и ____________________. Бою́сь, что́бы не упа́ла. ____________________ когда́ ви́жу, как краси́во она́ танцу́ет, когда́ слы́шу аплодисме́нты.

Ната́ша: А до́чка то́же ________________________________ ма́мой?

Бори́с: Вы спроси́те у неё са́ми.

Ната́ша: Ве́рочка, ты ________________________________ свое́й ма́мой?

Ве́рочка: Коне́чно. Мы все е́ю ________________________________: и па́па, и я, а осо́бенно ________________________________ е́ю ба́бушка и де́душка.

Упражне́ние 17 — (Г3) Чем гордя́тся ва́ша семья́ и ва́ши друзья́? Напиши́те 7-8 предложе́ний.

____

____

____

____

____

____

____

____

____

____

____

УПРАЖНЕ́НИЕ 18 — (Б4, Ё) Write the Russian words defined below.

Как мо́жно назва́ть...

1. ... же́нщину, кото́рая продаёт програ́ммки в теа́тре? ____________________
2. ... же́нщину, кото́рая танцу́ет в бале́те? ____________________
3. ... гла́вного мужчи́ну пье́сы? ____________________
4. ... челове́ка, кото́рый игра́ет в орке́стре? ____________________
5. ... гла́вного челове́ка орке́стра? ____________________
6. ... гла́вную же́нщину пье́сы? ____________________
7. ... гла́вного мужчи́ну пье́сы? ____________________
8. ... челове́ка, кото́рый пи́шет му́зыку для о́перы, бале́та и́ли конце́рта. ____________________

Упражне́ние 19 — (Ё) Solve this crossword.

По горизонта́ли

5. У балери́ны есть ____ ка́ждый день.
8. Ура́л не о́чень высо́кие ____.
9. Ме́сто — места́, дно — ____.
10. Его́ семья́ живёт там до сих ____.
11. Я не зна́ю э́тот ____. Вообще́ я не люблю́ танцева́ть.
12. ____ Большо́го теа́тра — ме́сто, где танцу́ют са́мые изве́стные балери́ны.
14. Ка́рло — италья́нец из ____.
16. Эрик сказа́л, что у ____ ли́шний биле́т на «Зо́лушку».
17. Еле́на Алекса́ндровна сказа́ла, что на́до де́лать ____ с душо́й.
18. Я люблю́ игра́ть в футбо́л. Я ____ люблю́ рабо́тать.
19. Я куплю́ не э́ту кни́гу, а ____.
20. Я люблю́ э́тот го́род. Я ____ жил три го́да.
25. Э́то ____. Биле́ты в ней сли́шком дороги́е.
26. Мари́на говори́т, что всё лу́чше ви́дно с ____, чем из парте́ра.
27. Жизнь балери́ны тяжёлая, но ____ нра́вится така́я рабо́та.
28. Э́то цветы́ ____ нас всех. Поздравля́ем!
29. Э́то драмати́ческий ____. Там идёт сейча́с спекта́кль Че́хова.
31. Учи́тель хоте́л знать, хоти́м ____ мы посмотре́ть бале́т.
32. Вы не зна́ете ____ сестру́? Извини́те. Э́то моя́ сестра́ А́нна.

По вертика́ли

1. Тот, та, то, ____.
2. Вот э́та телегра́мма ____ роди́телей.
3. У нас прекра́сные биле́ты — пя́тый ____.
4. У меня́ нет ____. Кто танцу́ет сего́дня?
5. Вы не смотре́ли в газе́те, како́й ____ моско́вских теа́тров на за́втра?
6. Э́ти места́ мне о́чень нра́вятся — ____, седьмо́й ряд.
7. Как ты ду́маешь, кто са́мый ____ компози́тор о́пер? Чайко́вский?
8. Зимо́й на́до сдава́ть пальто́ в ____.
12. Когда́ начнётся ____, в 7 часо́в?
13. Я хоте́ла купи́ть биле́ты на бале́т «Щелку́нчик,» ____ их не́ было.
15. Мне нра́вится ____ «Бори́с Годуно́в».
16. Сестра́ лю́бит бале́т, ____ она́ ре́дко хо́дит.
21. Она́ хо́чет быть балери́ной, а я ____ стать компози́тором.
22. Мы встре́тимся в ____ по́сле спекта́кля.
23. Я не могу́ носи́ть э́тот костю́м. Он мне ____.
24. У меня́ есть биле́ты на но́вый спекта́кль. Ты пойдёшь со ____?
25. Оле́г рабо́тал в рестора́не всё ____ и зарабо́тал большу́ю су́мму.
30. Тот, та, ____, те.

Упражне́ние 1 — (9) Oral exercise. Что сказа́ла бы манеке́нщица о том, что ви́дно на э́тих рису́нках?

Упражне́ние 2 — (9А4) Decide whether the missing question word is **Заче́м** or **Почему́** and write it in the space provided.

1. — ____________________________ ты идёшь в магази́н так по́здно?

   — Потому́ что ну́жно купи́ть молоко́.

2. — ____________________________ ты был вчера́ на Арба́те?

   — Мне сказа́ли, что там мо́жно купи́ть интере́сные пода́рки: у мое́й подру́ги в суббо́ту день рожде́ния.

3. — _______________ так мно́го люде́й е́здят в Изма́йлово ка́ждое воскресе́нье?

— Потому́ что там продаю́т и хохлому́, и па́лех, и гжель, и оде́жду и игру́шки, и карти́ны.

4. — _______________ лю́ди трениру́ются, занима́ются спо́ртом?

— Что́бы быть си́льными, развива́ть реа́кцию.

5. — _______________ Еле́на Леленко́ва ка́ждый день занима́ется в «кла́ссе»?

— Что́бы легко́ де́лать тру́дные прыжки́ и движе́ния.

6. — _______________ ты так мно́го рабо́таешь — занима́ешься день и ночь?

— Хочу́ стать космона́втом. А для э́того на́до рабо́тать день и ночь.

7. — _______________ ты купи́ла все э́ти проду́кты — муку́, ма́сло, смета́ну, икру́?

— Хочу́ пригото́вить блины́. Ско́ро бу́дет ма́сленица.

Упражне́ние 3 — (9А6, 9Г1) **Complete each sentence by translating the English cues and by writing the correct forms of the Russian cues.**

1. — Как ты ду́маешь, кака́я причёска _______________ (**suits me more**), дли́нная и́ли коро́ткая?

— По-мо́ему, коро́ткая. Она́ и бо́лее удо́бная, осо́бенно когда́ жа́рко, как сейча́с.

2. — На про́шлой неде́ле в До́ме мо́ды был пока́з весе́нних веще́й. Ну́жно бы́ло реши́ть, кому́ лу́чше всего́ идёт но́вое пальто́ из ше́рсти.

— Ну и что реши́ли?

— Что пальто́ _______________ (**suits more**) Ири́не, чем Та́не. Оно́ сиде́ло _______ (**her**) отли́чно.

3. — Как интере́сно быть манеке́нщицей! Всегда́ зна́ешь, каки́е ве́щи после́дний крик мо́ды. И оде́жда хорошо́ _______________ (сиде́ть) на тебе́.

— Нет, э́то не так. Иногда́ да́же но́вые ве́щи не _______________ (**suit me**).

4. Ста́рые пла́тья _______________ (**fit**) лу́чше на _______________ (Зо́лушка), чем на её трёх сёстрах.

5. Очень широ́кие брю́ки сейча́с не в мо́де. ______________________________.
(They're not becoming to anyone.)

Но де́сять лет наза́д они́ всем нра́вились.

6. Совреме́нная мо́дная оде́жда ____________________ и ______________________________
(suits) (Леона́рдо да Ви́нчи)

и ____. Ку́ртка хорошо́
(Алекса́ндр Пу́шкин, и Ната́лия Пу́шкина)

________________ на ____,
(suits) (Леона́рдо да Ви́нчи, Алекса́ндр Пу́шкин)

а пла́тье на ____.
(Ната́лия Пу́шкина)

Упражне́ние 4 — (9A8) Write in the correct form of **ну́жно**. Add elements to make the clause past or future when appropriate.

1. — Ка́ждый день мне ____________________ спать во́семь часо́в. Если я сплю ме́ньше, пло́хо занима́юсь. А ско́лько часо́в тебе́ ____________________ спать?

— Мне? Наве́рное, мне как и тебе́ — во́семь часо́в. Или, мо́жет быть, бо́льше.

2. — Что́бы переводи́ть с англи́йского языка́ на ру́сский, ____________________ хоро́ший англи́йский слова́рь. У тебя́ есть тако́й слова́рь?

— Есть. Но я то́лько не зна́ю, где он: он был ____________________ сестре́, и я дала́ его́ ей.

3. — За́втра ко мне приду́т го́сти. Всё уже́ почти́ гото́во. ____________________ то́лько ска́терть для стола́.

— Како́го цве́та? У меня́ есть ро́зовая. Если тебе́ ____________________ ро́зовая ска́терть, я могу́ дать тебе́ свою́.

4. Анна Афана́сьевна хо́чет пригото́вить сала́т. Ей ____________________ о́вощи: свёкла, карто́шка, огурцы́. И ещё ей ____________________ майоне́з. Ой, како́й вку́сный бу́дет сала́т! А како́й сала́т ты лю́бишь гото́вить? Каки́е проду́кты ____________________ для твоего́ сала́та?

5. Отцу́ Ива́ну ____________________ уме́ть говори́ть с людьми́ по-ра́зному. И он уме́ет э́то де́лать.

6. Ни́не хоте́лось бы быть то́ненькой, как балери́на Еле́на Леленко́ва. Но для э́того ____________________ си́ла во́ли.

7. За́втра у меня́ экза́мен. Зна́чит, сего́дня мне ____________________ занима́ться весь день.

8. Про́шлым ле́том ча́сто была́ плоха́я пого́да. Ка́ждый день ____________________ брать с собо́й зонт.

9. Че́рез неде́лю у ста́ршего бра́та бу́дут кани́кулы. Поёдет за грани́цу. Ему́ ____________________ мно́го де́нег.

Упражне́ние 5 — (9Б3) Complete these sentences, using a prepositional phrase beginning with **про́тив** or **за** and the correct form of the word in parentheses. Write the object of the preposition in the correct form and give a reason for your support or opposition. Follow the example.

Образе́ц ▶ Он написа́л в стать́е, что на́до дать рабо́ту дирижёру Беля́еву.
Я **за дирижёра Беля́ева,** потому́ что **он са́мый хоро́ший музыка́нт.**

1. Мели́сса говори́т, что мы должны́ пить молоко́, что оно́ хорошо́ для здоро́вья. Я ____________________ (молоко́), потому́ что ____________________
____________________.

2. Ва́ня хо́чет пойти́ на детекти́вный фильм. Я ____________________ (э́тот фильм), потому́ что ____________________.

3. Други́е ребя́та хоте́ли бы пое́хать на о́зеро Байка́л. Я ____________________ (э́то о́зеро), потому́ что ____________________.

4. Я ещё шко́льник, и я ____________________ (алкого́ль) для молодёжи, потому́ что ____________________.

Упражне́ние 6— (9Б5) Complete these narratives by translating the English cues.

1. Балери́на Еле́на Алекса́ндровна Леленко́ва встава́ла у́тром и ____________________ (got dressed).

Она́ ра́да, что в Москве́ и её до́чка, Ка́тя. Ка́те семь лет, она́ уже́ уме́ет сама́

_____________________, но сего́дня ма́ма _________________ её.
(to dress herself) (dressed)

Она́ _________________ на неё блу́зку, ю́бку, ту́фли. Пото́м Еле́на пое́хала в теа́тр —
(put on)

сего́дня она́ танцу́ет роль Зо́лушки в у́треннем спекта́кле. В теа́тре она́ __________
(put on)

костю́м Зо́лушки. Сейча́с начнётся пе́рвое де́ствие, и она́ вы́йдет на сце́ну.

2. Мне бы́ло четы́ре го́да, когда́ я начала́ _______________________ сама́!
(to dress myself)

Ле́гче всего́ бы́ло _______________________. Трудне́е, коне́чно, бы́ло с пла́тьем.
(to put on a blouse)

Так, моя́ ма́ма ещё до́лго помога́ла мне _______________________ пла́тья. А
(to put on me)

когда́ вы на́чали са́ми _________________? Вы сейча́с _________________ кого́-
(to get dressed) (dress)

нибудь? _________________? Если да, что вы лю́бите _________________?
(A brother or a sister) (to put on them)

Упражне́ние 7 — (9Б7) **Fill in the blanks in this narrative, basing your answers on the drawing that accompanies it. Answer the concluding question.**

В альбо́ме фотогра́фия семьи́. Она́ смешна́я. Не́которые лю́ди оде́ты в оде́жду, кото́рая им не подхо́дит. На па́пе бе́лая руба́шка — руба́шка ему́ _______________.
А брю́ки _______________________. Ма́ме
_______________________ пла́тье.

Бра́ту, кото́рому восемна́дцать лет, руба́шка и брю́ки _______________________, а га́лстук
_______________. Таки́е га́лстуки лю́ди сейча́с не но́сят. _________________ га́лстуки не в мо́де.
Сестра́, кото́рой во́семь лет, оде́та стра́но. На ней краси́вая бе́лая блу́зка, но о́чень _________________
чёрная ю́бка. А на мне джи́нсы. Они́ мне как раз. Но сви́тер _______________________.

Кто я — ма́льчик и́ли де́вочка?

Упражне́ние 8 — (10А4) Review the formation and use of past passive participles. Rewrite these sentences, using past passive participles in place of the verbs. Follow the example.

Образе́ц ▶ На́шу шко́лу постро́или два́дцать лет наза́д.
На́ша шко́ла была́ постро́ена два́дцать лет наза́д.

1. Мстисла́в написа́л контро́льную рабо́ту.

____

2. Эли́сса уже́ прочита́ла рома́н «Отцы́ и де́ти» Турге́нева про́шлым ле́том.

____

3. Па́па уже́ реши́л э́тот вопро́с.

____

4. Учи́тельница посмотре́ла все рабо́ты ребя́т.

____

5. Алекса́ндр Юрьевич рассказа́л исто́рию своей поéздки в Аме́рику.

____

Упражне́ние 9 — (10А6, 10Б8, 10Г1) Complete these sentences using the correct form of the appropriate verb: **ве́рить, вкла́дывать,** or **влюбля́ться / влюби́ться.**

1. — Ты ____________________ тому́, что говоря́т по-телеви́зору
   — Когда́ как. Ну́жно смотре́ть, кто говори́т.
2. Инна о́чень лю́бит занима́ться спо́ртом, но осо́бенно она́ ____________________ ду́шу в те́ннис.
3. Молоды́е лю́ди легко́ ____________________ друг в дру́га.
4. Моя́ ма́ма ча́сто говори́т о па́рне, в кото́рого она́ ____________________, когда́ ей бы́ло шестна́дцать лет.
5. Дэ́вид и Эли́са лю́бят петь. Ка́ждый раз, когда́ они́ пою́т, они́ ____________________ ду́шу в пе́сню.
6. Ма́ша спра́шивает до́чку: «Почему́ ты не ешь? ____________________, что ли»?

Упражне́ние 10 — (10) Oral exercise. Что сказа́л бы свяще́нник о том, что ви́дно на э́тих рису́нках?

Упражне́ние 11 — (10Б4) Rewrite these examples of direct speech as indirect speech. Follow the example.

Образе́ц ▶ Ученики́ спроси́ли меня́: «Вы зна́ете, когда́ начну́тся кани́кулы»?
Ученики́ спроси́ли, зна́ю ли я, когда́ начну́тся кани́кулы.

1. Па́па спроси́л сы́на: «Ты поза́втракал сего́дня у́тром»?

____

2. Касси́рша спроси́ла Ната́шу: «Вы бу́дете покупа́ть програ́ммку»?

____

3. Челове́к о́коло теа́тра спроси́л тури́ста: «Есть у вас ли́шний биле́т»?

____

4. Модельéр спросúл манекéнщицу: «Вам нрáвятся мой послéдние плáтья»?

5. Мáма Натáша спросúла Антóна: «Ты довóлен, что смотрéл балéт «Зóлушка»?

6. Ребя́та спросúли Антóна: «Ты чáсто хóдишь в теáтр»?

7. Отéц Ивáн спросúл Натáшу: «Вы знáете, что в странé óколо 40 религúй»?

8. Учúтель спросúл ребя́т: «Вы пóмните, что гóрод Сéргиев Посáд рáньше назывáлся Загóрском»?

УПРАЖНÉНИЕ 12 — (10Б4) Change these sentences that relate questions from direct to indirect speech. Follow the example.

Образéц ▶ Натáша спросúла Лéну Леленкóву: «Вы мечтáли выступáть на сцéне Большóго теáтра?»
Натáша спросúла Лéну Леленкóву, мечтáла ли онá выступáть на сцéне Большóго теáтра.

1. Натáша спросúла: «А на диéте нýжно сидéть всё врéмя?»

2. Натáша спросúла Лéну: «Ты танцевáла, когдá у тебя́ былá высóкая температýра?»

3. Учúтель спросúл: «Вы все сдéлали вáшу рабóту на сегóдня?»

4. Яков спросúл Кáтю: «У тебя́ есть брат úли сестрá?»

5. Мать всегдá спрáшивает меня́: «Ты игрáла на пианúно цéлый час?»

Упражне́ние 13 — (10Б8) Complete these sentences by translating the English. Each of your translations will include the word **душа́**.

1. Анто́н о́чень лю́бит свою́ рабо́ту. Он всегда́ ______________________________.
(puts heart and soul into it)

2. Мы с Ники́той говори́ли об э́той пробле́ме часа́ два-три. Он ______________________________
______________________________.
(told me his innermost thoughts)

3. Мне сра́зу понра́вилась карти́на Бра́уна. Она́ ______________________________.
(is to my liking)

4. Если ты хо́чешь рабо́тать с больши́ми успе́хами, на́до ______________________________
(to put)
______________________________.
(heart and soul into your job)

5. У неё нет секре́тов от друзе́й. Она́ регуля́рно ______________________________
______________________________.
(reveals her innermost thoughts to them)

Упражне́ние 14 — (10Б6, 10Б7) Complete each sentence using an appropriate adverb: **по-но́вому, по-настоя́щему, по-друго́му, по-ра́зному,** or **по-ста́рому**.

1. В ма́рте мы чу́вствуем себя́ ______________________________, потому́ что иногда́ тепло́, све́тит со́лнце, а иногда́ идёт снег.

2. Илю́ша консерва́тор: не хо́чет причёсываться ______________________________.

3. Хотя́ мы не ви́дим друг дру́га мно́го лет, когда́ встреча́емся, ка́жется, что всё идёт ______________________________.

4. Если вы ______________________________ лю́бите снег, тогда́ пое́дем ката́ться на лы́жах в воскресе́нье.

5. Я бы э́то сде́лала ______________________________: попроси́ла, что́бы Петро́вы прие́хали в го́сти к нам, а не мы к ним.

УПРАЖНЕ́НИЕ 15 — (11) ORAL EXERCISE. Что сказа́ла бы балери́на о том, что ви́дно на э́тих рису́нках?

УПРАЖНЕ́НИЕ 16 — (11А5) Complete these sentences using **бы** as a part of your answer. Follow the example.

Образе́ц ▶ Если бы я захоте́л, я бы получи́л пятёрку.

1. Если бы у меня́ была́ хоро́шая рабо́та, ______________________________

   ______________________________.

2. Мы съездили бы в це́нтр, ______________________________

   ______________________________.

3. Если бы мои́ роди́тели разреши́ли, ______________________________

   ______________________________.

4. Я купи́л бы но́вую маши́ну, ______________________________

   ______________________________.

5. Если бы мне был 21 год, ______________________________

   ______________________________.

6. Мэ́ри пое́хала бы в Росси́ю, ______________________________

   ______________________________.

Упражне́ние 17 — (11A7) Read these wishes and dreams and then tell whose wishes they are. Follow the example.

Образе́ц ▶ Если бы у нас бы́ло бо́льше худо́жественных спосо́бностей, мы хоте́ли бы с Анто́ном са́ми нарисова́ть ма́рки.
Это жела́ние журнали́стки Ната́ши Зло́биной.

1. Если бы я был моло́же, о́чень хоте́лось бы лета́ть на но́вых самолётах.

___

2. Хоте́лось бы так станцева́ть гла́вную па́ртию в бале́те «Лебеди́ное о́зеро», что́бы мои́ роди́тели и муж могли́ горди́ться мно́ю.

___

3. Хо́чется помечта́ть: е́сли бы врачи́ могли́ сде́лать здоро́выми всех больны́х люде́й, вы́лечить всех люде́й, кото́рые боле́ют!

___

4. Хоте́лось бы, что́бы уже́ был выпускно́й ве́чер и что́бы я стал студе́нтом экономи́ческого факульте́та.

___

5. Хоте́лось бы, что́бы душа́ у всех люде́й была́ краси́вой и до́брой.

___

6. Очень хо́чется, что́бы физи́ческого труда́ и напряже́ния бы́ло ме́ньше, а молока́, овоще́й, ше́рсти бы́ло бо́льше!

___

7. Если бы я была́ тако́й ху́денькой и то́ненькой, как Ле́на Леленко́ва, а, гла́вное, е́сли бы у меня́ бы́ло бо́льше си́лы во́ли, я занима́лась бы не компью́терами, а бале́том, совреме́нными та́нцами.

___

8. Если бы у меня́ была́ волше́бная па́лочка, я сде́лала бы всех люде́й краси́выми, оде́ла бы их в краси́вую оде́жду, что́бы ка́ждому она́ шла, что́бы хорошо́ сиде́ла на ка́ждом.

___

Упражне́ние 18 — (11Г1) Use the verb **горди́ться** (чем/кем).

1. Ле́на _______________ тем, что она́ рабо́тала в Ма́лом теа́тре о́перы и бале́та.

2. Ста́рший брат _______________ тем, что око́нчил Га́рвардский университе́т.

3. Когда́ я была́ де́вочкой, я _______________ тем, что ма́ма балери́на.

4. Роди́тели всегда́ _______________ свои́ми детьми́?

5. Я о́чень _______________ свои́ми успе́хами в шко́ле.

Упражне́ние 19 — (11Г5) Complete these sentences with the correct forms of the cued nouns.

1. — Кем нарисо́вана э́та карти́на?

   — _______________, знамени́тым худо́жником.
   (Ива́нов)

2. Эти расска́зы, кото́рые тебе́ нра́вятся, напи́саны _______________,
   (Татья́на Толста́я)

   интере́сным совре́ме́нным писа́телем.

3. — Ой, смотри́ кака́я дли́нная статья́ в газе́те!

   — Да, она́ напи́сана _______________ — журнали́стом, кото́рый всегда́
   (Петро́в)

   пи́шет о́чень дли́нно.

4. — На чей бале́т вы идёте сего́дня ве́чером? На Проко́фьева и́ли Чайко́вского?

   — Не зна́ю то́чно, но ду́маю, что му́зыка напи́сана _______________.
   (Чайко́вский)

5. Не по́мню, кем напи́сано э́то стихотворе́ние: _______________ и́ли
   (Пу́шкин)

   _______________.
   (Ле́рмонтов)

6. — Скажи́те, пожа́луйста, кем постро́ено э́то зда́ние?

   — _______________.
   (знамени́тый архите́ктор Казако́в)

УПРАЖНЕ́НИЕ 20 — (9Ё, 10Ё, 11Ё) In this crossword puzzle, you are given both the clues and the completed puzzle. However, the clues are not numbered. Decide which items define or otherwise identify the answers you have been provided. Number them.

1 Д	У	Ш	2 И		3 Н	А	4 М	Н	5 О	Г	О		6 П
			Л		О		А		Т				Р
7 В	Е	8 Л	И	К			Л			9 Л	О	Ж	А
Е		Е			10 З	11 Д	А	Н	И	Е			В
12 З	А	Ч	Е	13 М		Р				Г		14 П	О
Д		Ь		О		У		15 П		Е			С
Е			16 С	Л	У	Ж	Б	А		Н			Л
		17 Б		И		Б		18 Р	О	Д	И	Н	А
		19 А	Н	Т	Р	А	К	Т		А			В
		Л		Ь				И					Н
	20 В	К	У	С			21 Р	Я	22 Д	У			А
23 П		О		Я					А		24 М	25 О	Я
О		Н			26 Е		27 О		Л			Н	
28 Т	У		29 Д	Е	Й	С	Т	В	И	Е		А	

По горизонта́ли

____ Я хоте́л бы посмотре́ть не э́ту кни́гу, а ....

____ Это не ... тетра́дь, а его́.

____ Его́ ... — Аме́рика.

____ Это слова́ от .... Мо́жете мне ве́рить.

____ ... Большо́го теа́тра ста́рое, но о́чень краси́вое.

____ Это на́ша люби́мая о́пера. Нам осо́бенно нра́вится тре́тье ....

____ По-мо́ему Ли́епа ... лу́чше танцу́ет, чем э́тот друго́й.

____ Ма́ма сказа́ла, что э́тот пиджа́к мне ... и хоте́ла, что́бы я купи́л поме́ньше.

____ Извини́те, вы не ска́жете, в кото́ром часу́ церко́вная ...?

____ У нас бы́ли отли́чные места́: ..., пе́рвый ряд.

____ Вре́мя по́сле одного́ а́кта и до сле́дующего ....

____ Ты не зна́ешь, кто сиди́т там во второ́м ...?

____ ... я пришёл сюда́? Что́бы учи́ться, коне́чно.

____ Попро́буй сала́т. У него́ о́чень прия́тный ....

____ Как пройти́ в магази́н «Сде́лай сам»? Иди́те пря́мо ... э́той у́лице.

По вертика́ли

____ Этот альбо́м — пода́рок ... сестры́.

____ Мои́ друзья́ хотя́т биле́ты на ..., когда́ покупа́ют биле́ты в теа́тр.

____ Ну как? Мы пойдём в теа́тр ... на фильм?

____ Гла́вная це́рковь в Росси́и — э́то ....

____ ... Зо́лушки — э́то люби́мая роль Ле́ны.

____ Он ве́рит: что ... наро́дов — нужна́.

____ Дави́д — хоро́ший па́рень, ... он мне не о́чень нра́вится.

____ Моя́ подру́га живёт далеко́ ... меня́.

____ Дорога́я, ты не должна́ носи́ть э́ту ю́бку. Она́ тебе́ ....

____ Она́ должна́ ... спать сего́дня о́чень ра́но.

____ Оте́ц Ива́н пошёл в храм ....

____ Ле́на сказа́ла, что ... нужны́ кла́ссы.

____ Ни́на была́ ..., но не купи́ла биле́ты.

____ Де́вушки ... мне свои́ адреса́. Я им бу́ду писа́ть пи́сьма.

____ Ле́на сказа́ла, что кла́ссная рабо́та — э́то тяжёлый труд, напряже́ние и ....

____ Ната́ша понима́ет, что ... должна́ хорошо́ познако́миться с людьми́, у кото́рых она́ берёт интервью́.

____ ... о том, почему́ ру́сские при́няли христиа́нство, о́чень интере́сная.